UN NUEVO RUMBO

Programa de Tratamiento Cognitivo-Conductual

MANUAL DE ESTUDIO

Educación Sobre Drogas y Alcohol

Planificación de una vida

de recuperación y libertad

para drogadictos en prisión

Una colaboración entre los Profesionales del Programa para Drogadictos del Departamento Correccional de Minnesota y la Fundación Hazelden

HAZELDEN®

Hazelden
Center City, Minnesota 55012-0176

800-328-9000
651-213-4590 (Fax)
hazelden.org

ISBN: 978-1-59285-129-4

Diseñador de la carátula: David Spohn
Diseñador de las páginas: Kinne Design
Ilustrador: Patrice Barton
Traducción: Acentos, Inc.

Hazelden, organización nacional sin fines de lucro fundada en 1949, ayuda a la gente a rescatar su vida del padecimiento de la adicción. Construido sobre décadas de conocimientos y experiencia, Hazelden ofrece un enfoque integral a la adicción que aborda una amplia gama de necesidades del paciente, familiares y profesionales, incluyendo el tratamiento y el cuidado continuo para jóvenes y adultos, la investigación, la educación superior, la educación y abogacía pública, y las publicaciones.

La vida de la recuperación se vive "día por día". Las publicaciones de Hazelden, tanto educativas como inspiradoras, apoyan y fortalecen la recuperación durante toda la vida. En 1954, Hazelden publicó *Twenty-Four Hours a Day,* el primer libro de meditaciones diarias para alcohólicos en recuperación, y Hazelden sigue publicando obras que inspiran y guían a los individuos en el tratamiento y recuperación, y a sus seres queridos. Los profesionales que trabajan para prevenir y tratar la adicción también recurren a Hazelden en busca de programas con base empírica, materiales informativos y videos para uso en escuelas, programas de tratamiento y programas correccionales.

Por medio de sus publicaciones, Hazelden incrementa el impacto de la esperanza, el ánimo, la ayuda y el apoyo para individuos, familias y comunidades afectadas por la adicción y demás asuntosrelacionados.

Si tiene preguntas acerca de las publicaciones de Hazelden, por favor llame al **800-328-9000** o visítenos en línea en **hazelden.org/bookstore.**

CONTENIDO

UN NUEVO RUMBO

Programa de Tratamiento Cognitivo-Conductual

Reconocimientos iv

Sección 1:

Adictos y Adicción 1

Sección 2:

Su cuerpo con alcohol y otras drogas 29

Sección 3:

La enfermedad de la adicción y sus efectos 43

Sección 4:

Ahora es el momento de hacer el cambio verdadero 97

Sección 5:

Cambio y prevención de la recaída 111

Sección 6:

Comenzando la transición hacia el cambio y la
recuperación de por vida 133

Apéndice 147

Reconocimientos

Las siguientes personas (con títulos y posiciones actualizados a la fecha de la publicación de este manual) contribuyeron a la elaboración de este programa de estudio:

Sheryl Ramstad Hvass
Comisionado, Minnesota Department of Corrections

Peter Bell
Vicepresidente Ejecutivo, Hazelden Publishing and Educational Services

James D. Kaul, Ph.D.
Director, TRIAD Chemical Dependency Program, Minnesota Department of Corrections

Will Alexander
Sex Offender/Chemical Dependency Services Unit, Minnesota Department of Corrections

Departamento Correccional de Minnesota

Programa de Tratamiento para Transgresores Sexuales en el Centro Correccional de Lino Lakes en Minnesota

Robin Goldman, Director
Jim Berg, Supervisor de Programa
Brian Heinsohn, Terapeuta en el Programa Correccional
Greg Kraft, Terapeuta en el Programa Correccional
K. Kaprice Borowski Krebsbach, Terapeuta en el Programa Correccional
Kevin Nelson, Terapeuta en el Programa Correccional
Tim Schrupp, Terapeuta en el Programa Correccional
Pamela Stanchfield, Terapeuta en el Programa Correccional
Jason Terwey, Terapeuta en el Programa Correccional
John Vieno, Terapeuta en el Programa Correccional
Cynthia Woodward, Terapeuta en el Programa Correccional

Programa TRIAD de Dependencia a las Drogas en el Centro Correccional de Lino Lakes en Minnesota

Launie Zaffke, Supervisor
Randy Tenge, Supervisor
Carmen Ihlenfeldt, Supervisor Interino
Thomas A. Berner, Terapeuta en el Programa Correccional
Toni Brezina, Terapeuta en el Programa Correccional
Jeanie Cook, Terapeuta en el Programa Correccional
Ronald J. DeGidio, Terapeuta en el Programa Correccional
Susan DeGidio, Terapeuta en el Programa Correccional
Maryann Edgerley, Terapeuta en el Programa Correccional
Connie Garritsen, Terapeuta en el Programa Correccional
Gerald Gibcke, Terapeuta en el Programa Correccional
Anthony Hoheisel, Terapeuta en el Programa Correccional
Deidra Jones, Terapeuta en el Programa Correccional
Beth Matchey, Terapeuta en el Programa Correccional
Jack McGee, Terapeuta en el Programa Correccional
Jackie Michaelson, Terapeuta en el Programa Correccional

Hal Palmer, Terapeuta en el Programa Correccional
Terrance Peach, Terapeuta en el Programa Correccional
Holly Petersen, Terapeuta en el Programa Correccional
Linda Rose, Terapeuta en el Programa Correccional
Kathy Thompson, Terapeuta en el Programa Correccional
Beverly Welo, Terapeuta en el Programa Correccional

Programa Reshape de Dependencia a las Drogas del Centro Correccional de Saint Cloud en Minnesota

Robert L. Jungbauer, Director
Christine Fortson, Terapeuta en el Programa Correccional
Tracanne Nelson, Terapeuta en el Programa Correccional
Jeffrey D. Spies, Terapeuta en el Programa Correccional

Programa Atlantis de Dependencia a las Drogas del Centro Correccional de Stillwater en Minnesota

Bob Reed, Director
Dennis Abitz, Terapeuta en el Programa Correccional
Bill Burgin, Terapeuta en el Programa Correccional
Tom Shipp, Terapeuta en el Programa Correccional

Programa New Dimensions de Dependencia a las Drogas del Centro Correccional de Faribault en Minnesota

Michael Coleman, Supervisor
Michele Caron, Terapeuta en el Programa Correccional

Oficina Central

Jim Linehan, Terapeuta en el Programa Correccional

Agentes Supervisores del Departamento Correccional de Minnesota

Russ Stricker, Supervisor de la Unidad Correccional
Bobbi Chevaliar-Jones, Oficial de Libertad Condicional
William Hafner, Agente Correccional
Gregory Fletcher, 180 Degrees Halfway House

Además:

Redactores: Corrine Casanova, Deborah Johnson, Stephen Lehman, Joseph M. Moriarity, Paul Schersten. **Diseñador:** Terri Kinne. **Tipógrafos:** Terri Kinne, Julie Szamocki. **Ilustrador:** Patrice Barton. **Prepress:** Don Freeman, Kathryn Kjorlien, Rachelle Kuehl, Joan Seim, Tracy Snyder, David Spohn. **Editor:** Corrine Casanova. **Editores de texto:** Monica Dwyer Abress, Kristal Leebrick, Caryn Pernu. **Correctores:** Catherine Broberg, Kristal Leebrick. **Gerente de marketing:** Michelle Samlaska. **Gerente de la producción de videos:** Alexis Scott. **Traducción:** Acentos, Inc.

Agradecimiento especial: Any Color Painting Company; Blue Moon Production Company; Eden Re-entry Services; reclusos y personal de Lino Lakes, Rush City y de Stillwater Minnesota Correctional Facilities.

Agradecimiento especial a Hazelden: Nancy Alliegro, Derrick Crim, Joe Fittipaldi, Carole Kilpela, Nick Motu, Karin Nord, Patricia Owen, Rebecca Post, Teri Ryan, Ann Standing, Sue Thill y Kris VanHoof-Haines.

Adictos y adicción

Todos los adictos llegan a un punto en que se dan cuenta de que algo no está bien, que sus vidas son muy enredadas y confusas; de repente ven lo mal que están las cosas. Observe su vida. Usted ha perdido muchas cosas verdaderamente importantes. Ha perdido dinero, relaciones, autorrespeto, incluso su libertad. Usted está preso ahora.

La historia de Miguel

Yo soy un hombre de veintún años de edad, encarcelado por robo agravado de primer grado. He vivido por mi cuenta desde que tenía trece años. Mi mamá me repudió porque empecé a ser muy rebelde. Al mismo tiempo, mi padre fue encarcelado por intento de asesinato. Básicamente, yo me crié solo.

He estado alrededor de las drogas toda mi vida. La primera vez que bebí y me emborraché, tenía casi diez años. Fue en una fiesta que mis padres y sus amigos tenían en nuestra casa. Uno de mis tíos me dio una cerveza; me dijo que yo era bastante mayor como para beber. Bebí la cerveza, pero realmente no me gustó el sabor y me sentí raro al beber. Después de esto, mis amigos y yo empezamos a robar cervezas de nuestro refrigerador. Yo seguí bebiendo y empecé a fumar marihuana. Comencé a estar más tiempo en la calle y luego, a vender para un narcotraficante a cambio de drogas gratis. Así fue como empecé a fumar "crack".

Yo siempre estaba metido en problemas en la escuela por faltar a clases, por pelear y por usar drogas. Finalmente me expulsaron a los quince años de edad, cuando empecé a vender drogas en la escuela. Pero de todas formas no me importó, mi vida familiar era un lío. Aun cuando todavía era más pequeño, mi padre no paraba mucho en la casa y, cuando estaba, se embo-rrachaba. Le pegaba a mi madre constantemente y a mí también. Nunca sabía qué iba a hacerlo explotar. Mi madre me hacía lo mismo cuando estaba drogada, hasta que fui lo suficientemente grande para defenderme. Cuando mi padre estaba en la casa, ellos peleaban, y yo me drogaba para no escuchar los gritos y los golpes. Me gustaba andar en la calle, me sentía muy a gusto allí. Vi a mi padre vendiendo drogas y portando armas. Mi padre, mi hermana, mi madre, mis familiares, todos estaban vendiendo drogas y cometiendo delitos. Nunca lo vi como si fuera una cosa negativa; lo único que veía era el dinero. A medida que pasaba el tiempo, usaba más y más drogas. Estaba vendiendo drogas todo el tiempo y después me drogaba con mis amigos. Varias veces pensé que quizá estaba consumiendo demasiado, de hecho traté de parar en ese momento.

Siempre me dije que podría parar en cualquier momento que quisiera, pero simplemente no quería. A veces, en un tiempo dejé de usar por unos pocos días, pero siempre volvía a hacerlo. Mis amigos me fastidiarían por dejar de usar; además, eso era justamente lo que hacíamos cuando estábamos juntos. Nos drogábamos y hacíamos cualquier cosa.

Mi hermana mayor estaba haciendo las mismas cosas. Finalmente fue a la cárcel por vender. Ella y su bebé estaban en prisión; estaba embarazada cuando la mandaron a la cárcel y tuvo su bebé en la prisión. Finalmente, me agarraron en algo suficiente como para cumplir una condena seria. Para mí, estar en la cárcel con mi padre hizo que me diera cuenta de que necesitaba hacer un cambio en mi vida.

Mi lucha con la adicción ha sido muy dura. Mis ideas negativas sobre el tratamiento eran una barrera para conseguir la ayuda que necesitaba. En ese entonces, no sabía cómo pedir ayuda sin sonar o verme débil y vulnerable ante los demás presidiarios. Creo que lo que escuché hablar sobre el tratamiento en la cárcel era todo sobre "ser un soplón" y "aparentar" que seguíamos el tratamiento, que los terapeutas iban a "ensañarse" con nosotros y a tratarnos como si fuéramos basura, que tenía que defender el código del convicto. Esas creencias eran difíciles de cambiar, porque hasta ese entonces en la cárcel lo pasaba sosteniendo el código del convicto, aunque sabía que no debería ser así.

Los tres o cuatro primeros meses estuve lleno de distorsiones. A ese punto en mi vida, principalmente estaba tratando de justificar mi comportamiento. Quería dejar el programa. Sin la ayuda de mi consejero, me hubiera salido o saboteado el programa mucho antes de estar cerca de la recuperación. Me di cuenta de que si no cambiaba pasaría el resto de mi vida en la cárcel, cumpliendo condena como otros hombres mayores que habían estado en el programa, o me matarían en las calles, probablemente por drogas.

— Miguel, encarcelado
Participante en el programa Un Nuevo Rumbo

El tornado de la adicción

La adicción es como un tornado. Azota con toda su fuerza su vida y las vidas de las personas que Ud. conoce. Destruye todo lo que toca. Piense sobre esto. Si viera venir un tornado en su dirección, ¿qué haría usted? Correr para salvar su vida, ¿verdad?

El problema con la adicción es que usted no la ve venir hasta que es demasiado tarde. Ahora, usted está atrapado en ella, está atrapado en el tornado de la adicción. Su vida está girando en un ciclo de beber o usar drogas, delitos y ahora la cárcel.

Pero usted todavía tiene una oportunidad de escapar. La adicción no lo mató todavía. Si usted estuviera corriendo para escapar de un tornado, buscaría un edificio seguro para protegerse. Este programa de tratamiento es como un refugio contra el tornado. Le permite escapar del poder de la adicción hasta que pueda rehacer su vida.

Si está leyendo esto, probablemente tenga un problema con el alcohol y otras drogas, aunque usted no crea que lo tenga. Esto no significa que usted sea malo, tonto o débil. Hay esperanza para usted de tener una vida mejor.

Usted puede liberarse de la adicción, pero hacerlo requiere valor y esfuerzo. Millones de personas como usted derrotaron la adicción, las pusieron en libertad y rehicieron sus vidas. Usted puede hacerlo también.

Locura es hacer la misma cosa una y otra vez esperando resultados diferentes.

Si usted es como otras personas adictas al alcohol y a otras drogas, podría estar diciéndose algunas de estas cosas (esto es lo que nosotros llamamos *hablarse a sí mismo*):

- Yo no necesito ayuda. Puedo hacer esto por mi cuenta.
- Ustedes están locos.
- De todas formas, a nadie le importa.
- Estás jugando con mi mente.
- Tuve una infancia muy dura, entonces, ¿qué espera la gente de mí?
- Yo no me drogo tanto.
- Estoy demasiado metido como para cambiar.
- Todo irá bien si uso menos.
- Tengo que usar a causa de mis padres, mi novia, oficial de libertad condicional, o _____ (rellene el espacio en blanco).
- *Mi* situación es diferente.
- Puedo dejar en cualquier momento. Sólo que no quiero hacerlo todavía.

Si se ha dicho cualquiera de estas cosas, usted está pensando como un adicto. En esta fase, la mayoría de los adictos tiene pensamientos como estos. Eso se llama *negación*. Usted niega tener un problema. Da excusas y culpa a otros por su comportamiento.

Un alcohólico entra a un bar y pregunta al barman: —¿Gasté $200 aquí anoche? —Sí, —responde el barman. —Gracias al cielo, —dice al alcohólico—. Yo pensé que los había perdido.

Lo que se dice a sí mismo en su mente puede suministrarle incontables excusas para no hacer nada acerca de sus problemas con el alcohol y otras drogas. Estos son algunos ejemplos de ese pensamiento distorsionado:

Mitos sobre consumir y dejar el alcohol y otras drogas, y la conducta delictiva

- Sólo esta vez y ya no usaré más.

- Yo era un alcohólico (adicto al "crack", toxicómano, adicto a la metanfetamina, lo que fuera), de manera que la marihuana (o lo que sea) no me perjudicará.

- He estado mal por mucho tiempo.

- Puedo usar; no me tengo que hacer un análisis de orina por dos semanas, por lo menos.

- Una vez que salga en libertad, todo irá bien.

- Uno es un adicto de verdad sólo si usa agujas.

- Sólo las venderé, pero no las usaré.

- No tengo que cambiar mi estilo de vida. Simplemente puedo parar de beber y de drogarme, y seguir teniendo los mismos amigos.

- Es mi vida, yo haré lo que quiera con ella.

- La marihuana no es una droga porque no es adictiva.

- Mi delito no tiene nada que ver con mi adicción.

- Usaré menos la próxima vez y no me agarrarán.

- Simplemente, tuve mala suerte.

- Puedo dejar la droga por mi cuenta.

- He estado sobrio durante mi encarcelamiento, así que seguiré sobrio cuando esté en libertad.

- La adicción es una enfermedad. No puedo hacer nada.

- El hecho de que beba o me drogue no tuvo nada que ver con mi delito.

- Yo no obligué a nadie a comprar droga.

- Yo sólo uso drogas, pero no soy un adicto.

- Debo vender para mantener a mi familia y mi estilo de vida.

- No le hago daño a nadie cuando uso.

- No puedo confiar en nadie.

- Esta vez aprendí mi lección.

- Ahora he descubierto la religión. Mi mujer es religiosa también, así que no usaré.
- Los terapeutas sólo están usándonos para hacerse ricos. Ellos hacen dinero teniéndome en tratamiento.
- No me gusta el terapeuta, el grupo, el programa, las personas aquí, hablar de mí, o _____ (rellene el espacio en blanco).
- Nadie entenderá lo que hago (o hice).

Ahora es el momento de estar claro de lo que está pasando con usted. Si usted no se vuelve honesto, el tornado de la adicción lo volverá a atrapar muy pronto.

Veamos qué es exactamente la adicción y lo que el alcohol y otras drogas hacen a su mente y a su cuerpo.

Recuerde, el **engaño es la parte más mortal de esta enfermedad.** Ese tornado puede matar. Sálgase de la tormenta. Entre al refugio del "tratamiento". Acepte la ayuda.

¿Qué es un adicto? ¿Qué es la adicción?

¿Qué es un adicto? Esta historia de Alcohólicos Anónimos puede darle una idea:

Un bebedor social, un bebedor con problemas y un alcohólico entran a un bar. Son todos amigos. Piden una cerveza cada uno. El camarero les sirve las cervezas. Todos tienen un vaso con cerveza de un hermoso color dorado con una corona de espuma. Casi al mismo tiempo, una mosca se posa en cada uno de los vasos de cerveza. El bebedor social mira la mosca y aleja el vaso de cerveza. El bebedor con problemas mira la mosca, se acerca muy lentamente y saca la mosca de la espuma, y se bebe la cerveza. El alcohólico se acerca lentamente, agarra la mosca y dice: "Escupe la cerveza, escúpela".

"Algunas personas causan felicidad donde sea que vayan; otras, cuando se mueren".

— Oscar Wilde

Cuanto más difícil sea dejar algo para Ud., más sabe que debería hacerlo.

Quizá usted haya escuchado decir que la adicción es una enfermedad exactamente como los problemas del corazón o la diabetes. Pero usted no lo creyó, y se dijo sí mismo: "Esto no es una enfermedad. Yo estoy *escogiendo* usar. Y si quiero, puedo escoger parar. Es que no quiero hacerlo por ahora, no hay una razón para parar".

¿Le suena conocido? ¿Se ha dicho esto a sí mismo o a los demás? De ser así, aquí está otra historia para que piense:

Ponga un pepino en un frasco de vinagre; déjelo allí por un rato y luego sáquelo. Verá que aún sigue siendo un pepino. No se convirtió en un encurtido (pickle) todavía. Pero si usted pusiera ese pepino en el frasco y lo dejara allí por suficiente tiempo, cuando lo sacase sería un encurtido. Es difícil decir exactamente cuándo se convirtió en un encurtido, pero puede decir con seguridad que ya no es más sólo un pepino. Y más importante aún, una vez que se transforma en un encurtido, nunca más podrá volver a ser un pepino.

¿Se da cuenta de lo que significa? Los bebedores sociales pueden beber y usar drogas un poco y luego dejarlo. No son adictos. Pero usted es diferente. Usted sigue bebiendo o drogándose. En algún momento usted cruzó la línea. No importa lo que dijo sobre poder parar cuando quisiera, no lo hizo. Usted ha cambiado.

Usted nunca más puede volver a ser como era antes de comenzar a beber y usar drogas. Usted es un adicto. Una vez que es un encurtido, nunca más podrá volver a ser un pepino.

¿Qué es exactamente la adicción?

La gente pensó por muchos años que la adicción era una señal de baja moral, mal carácter y fuerza de voluntad débil. Si usted fuera adicto al alcohol o alguna otra droga, usted sería simplemente una mala persona. Afortunadamente, hoy sabemos que esto no es verdad.

La adicción es una enfermedad. Las personas que se vuelven adictas al alcohol u otras drogas tienen cuerpos que reaccionan en forma diferente que los cuerpos de las no adictas frente al alcohol y las sustancias químicas. Al empezar a rescatar su vida de las drogas, es importante que entienda qué es la adicción y qué efectos tienen las drogas en su cuerpo.

En este momento, usted quizá no vea los efectos físicos de su uso de alcohol y drogas. La adicción es una de las pocas enfermedades en las que las personas comienzan a sentirse mejor antes de darse cuenta de lo enfermas que estaban. Su uso de alcohol y drogas le ocultan su enfermedad y las consecuencias de su comportamiento.

Éstas son las tres partes principales de la enfermedad de la adicción:

- preocupación
- pérdida de control
- recaída

Preocupación

Cuando las personas adictas ocupan mucho tiempo –a veces todo el tiempo– pensando, usando y recuperándose de los efectos del alcohol o el uso de otras drogas, se dice que están preocupadas con las drogas o el alcohol. Esta ***preocupación*** interfiere con otras actividades en sus vidas.

Preocupación

La *preocupación* significa pensar e inquietarse mucho por algo. Todos los días. Incluso cuando los adictos hacen otras cosas, están pensando en las drogas o el alcohol.

Un adicto es una persona que está

1. bebiendo o drogándose
2. pensando en beber o en drogarse
3. recuperándose de beber o drogarse

Si usted conoce a gente adicta (a la droga que sea, por ejemplo: metanfetamina, "crack", alcohol, heroína), usted ha visto la preocupación. Su vida entera se enfoca en las drogas. ¿Cómo conseguir dinero para comprarla? ¿Dónde comprarlas? ¿Quién tiene la mejor droga al mejor precio? ¿Dónde drogarse? ¿Cómo evitar que lo estafe otro adicto?

¿Piensan en los amigos, familia, padres, un trabajo o la escuela? No. ¿Pasan el tiempo con personas que no estén bebiendo o drogándose? No. En todo lo que piensan es en conseguir la droga para drogarse y sentirse eufóricos. Eso es preocupación. Otros ejemplos incluyen esconder el uso de alcohol o drogas, y mentir o dar excusas por el consumo de alcohol o drogas.

EJERCICIO 1 EJERCICIO

Preocupación con beber o drogarse

➤ ¿De qué forma ha estado preocupado con su uso de alcohol y otras drogas? Piense en un día típico en que estuvo bebiendo o drogándose. Siga sus pasos durante todo ese día, desde que se despertó hasta que se acostó. En el espacio a continuación, describa todas las actividades que hizo relacionadas con su uso de drogas.

_____

_____

_____

_____

_____

_____

_____

_____

_____

_____

■

Pérdida de control

La pérdida de control no ocurre cada vez que usted se droga. Esta es una de las grandes maldiciones de la adicción. De vez en cuando, lo engaña a usted y a las personas a su alrededor. Usted cree que si en algún momento puede controlar su uso, entonces no es un adicto.

La *pérdida de control* significa que usted sigue usando alcohol u otras drogas a pesar de los resultados perjudiciales. Estos resultados pueden ser:

- legales (ser encarcelado debido a un cargo por drogas, por ejemplo)

- médicos (ser VIH positivo por inyectarse drogas)

- familiares (ser expulsado del hogar por su uso de alcohol u otra droga)

- financieros (estar en bancarrota y desempleado por su uso de drogas)

Los adictos intentan cambiar de drogas, consumir menos o dejar de consumir. Pero, al final, no pueden controlar su uso. La pérdida de control trabaja junto con la negación. A medida que su adicción se empeora, usted da más excusas por su comportamiento.

A medida que su adicción empeora, usted da más excusas por su comportamiento.

Pérdida de control

Piense en un momento en que usted estaba bebiendo o drogándose y las cosas escaparon de su control.

➤ ¿Cuál fue la situación?

_____

_____

_____

➤ ¿Dónde y con quién estaba usted?

_____

_____

_____

➤ ¿Qué pasó para que estuviera fuera de control?

_____

_____

_____

_____

Piense en un momento en que usted estaba bebiendo o drogándose y las cosas escaparon de su control.

Recaída

La última fase de la adicción es la recaída. *Recaer* significa empezar a usar otra vez drogas o alcohol después de cierto tiempo de no hacerlo.

Sólo porque digamos que es una fase de la adicción no quiere decir que esté bien tener una recaída. Lo que *estamos* diciendo es que sin ayuda y tratamiento, usted no puede dejarl las drogas. Los adictos que tratan de dejarlas por cuenta propia (los que *no* completan el tratamiento) *pueden* ser capaces de dejar de usar drogas por *cierto tiempo*. Pero todos ellos vuelven al uso de drogas. Usted no puede dejar por su cuenta. Piense en el ejemplo de Miguel en este manual. Él dejó de beber o usar drogas por su cuenta varias veces. Sin el tratamiento y la ayuda de otras personas, volvió a beber, a usar drogas y a su actividad delictiva, es decir, al ciclo de la adicción.

Éste es el ciclo en el que está atrapado: usted empieza a consumir drogas, se preocupa con el uso, pierde control de su vida, y luego trata de dejar pero termina usando nuevamente (recaída).

EJERCICIO **3** EJERCICIO

Tratar de dejar de beber y de drogarse

➤ ¿Cuántas veces ha tratado de dejar de beber y drogarse? ¿Cómo se sintió cuando trató de hacerlo? En el espacio a continuación, describa uno o dos de sus intentos de parar.

_____

_____

_____

_____

➤ ¿Por cuánto tiempo fue capaz de parar?

_____

➤ ¿Fue fácil estar sin beber alcohol o sin usar otras drogas?

_____ Sí _____ No

¿Por qué sí o por qué no?

_____

_____

_____

➤ ¿Qué pasó cuando usted empezó nuevamente a usar alcohol u otras drogas?

_____

_____

_____

➤ ¿Qué se dijo a sí mismo cuando empezó nuevamente a usar alcohol u otras drogas? ¿Qué estaba pensando?

_____

_____

_____

EJERCICIO **4** EJERCICIO

Detectando la adicción al alcohol o las drogas

Este ejercicio describe lo que les sucede a las personas adictas al alcohol u otras drogas. Le ayudará a ver si usted es adicto. Las personas que no son adictas *no* tienen los problemas mencionados aquí.

➤ Lea cada una de las frases siguientes. Piense en su vida. Si esto le ha ocurrido alguna vez, haga una marca en la casilla. En caso contrario, déjela en blanco. Es muy importante que conteste honestamente. Cuando termine, usted sumará el puntaje y se enterará de lo que significa.

☐ 1. **Uso drogas para sentirme mejor.** A veces consumo alcohol y drogas para no tener que pensar o sentir las cosas.

☐ 2. **Uso drogas para lidiar con mis problemas.** Yo consumo alcohol y drogas para lidiar con muchos de mis problemas y para hacer frente a las cosas que me molestan.

☐ 3. **Necesito más.** Necesito más cantidad o tipos más fuertes de alcohol y drogas para sentir lo mismo que antes.

☐ 4. **Tengo lagunas mentales.** A veces, después de haber estado usando drogas, no recuerdo lo que pasó.

☐ 5. **Uso drogas o alcohol a escondidas.** A veces, escondo cuánto me estoy drogando o bebiendo, porque no quiero que la gente se entere o no quiero compartirlo.

☐ 6. **Dependencia.** Muy rara vez hago algo para divertirme a menos que consuma alcohol u otras drogas.

☐ 7. **Tengo un comienzo rápido.** Uso alcohol o drogas más fuertes o las uso más rápidamente al principio para tener un buen comienzo.

☐ 8. **Me siento culpable.** Me siento culpable de mi uso de alcohol u otras drogas o de las cosas que hago cuando las uso.

☐ 9. **Yo no hablo de eso.** Otras personas se quejan o tratan de hablar conmigo sobre mi uso, pero yo no las escucho.

☐ 10. **Tengo lagunas mentales de forma regular.** A menudo no recuerdo lo que pasó y me meto en problemas cuando uso alcohol u otras drogas.

☐ 11. **Doy excusas.** Uso alcohol u otras drogas para lidiar con los problemas en mi vida. Yo tengo que usar drogas para hacer frente a estos problemas.

☐ 12. **Uso más que otros.** Uso más que la mayoría de la gente. Busco a personas que se drogan tanto como yo o más, para sentirme aceptado.

☐ 13. **Me siento mal.** Me siento mal por cómo mi uso lastima a otras personas, pero no sé qué hacer al respecto.

☐ 14. **Hago alarde.** Yo hago alarde de mi uso de drogas o soy muy insistente con otra gente para sentirme mejor, para probar que estoy bien y para controlar a los demás.

☐ 15. **Hago promesas.** Me prometo a mí mismo ordenar mi vida y mejorar. Lo digo en serio, pero no resulta de esa forma.

☐ 16. **Trato de controlar.** Yo trato de controlar mi uso o dejar las drogas, pero no funciona.

☐ 17. **Abandono otras cosas.** Dejé de hacer cosas que solía hacer que no implicaban usar alcohol u otras drogas.

☐ 18. **Hago cambios en mi vida.** Cambio de empleos, me mudo o dejo una relación para tratar de mejorar mi vida, pero eso no funciona.

☐ 19. **Tengo problemas de trabajo y de dinero.** Tengo problemas en el trabajo, debo dinero o no puedo trabajar, todo por mi uso de drogas.

☐ 20. **Evito a los amigos y a familiares.** Evito a los antiguos amigos y a familiares que no se drogan, a menos que necesite algo de ellos.

☐ 21. **Descuido la comida.** Yo no como las comidas apropiadas o como a horas irregulares, sobre todo cuando estoy usando drogas.

☐ 22. **Siento resentimiento.** Siento como que otras personas la tienen agarrada conmigo, y siento enojo hacia ellas.

☐ 23. **Siento los efectos de la privación.** Necesito alcohol o drogas por la mañana, o me dan temblores y sudores.

☐ 24. **No puedo tomar decisiones.** No puedo tomar ninguna decisión, ni siquiera pequeña. Simplemente espero hasta que las cosas sucedan.

☐ 25. **Tengo problemas de salud.** Estoy enfermo, perdí mucho peso o me siento físicamente mal la mayor parte del tiempo.

☐ 26. **Necesito más droga para sentir su efecto.** Necesito más cantidad para sentirme eufórico (*high*). No importa lo mucho que use, no puedo sentir el efecto que deseo.

☐ 27. **Mi comportamiento sobrepasa los límites.** Hago cosas que dije que nunca haría o que no reflejaran la forma como me criaron.

☐ 28. **Yo uso drogas todo el tiempo.** Yo uso drogas siempre que pueda y no trato de tener una vida normal.

☐ 29. **Trato de encontrar a personas que estén peores que yo.** Trato de drogarme con personas que estén peores que yo. Eso me hace sentir mejor.

☐ 30. **No puedo funcionar.** Aun cuando no pueda drogarme, tengo dificultad para pensar, recordar y hacer cosas que solían ser fáciles.

☐ 31. **Estoy asustado.** Siento que me podría pasar algo terrible, las personas la "tienen conmigo" y tengo que estar constantemente en guardia.

☐ 32. **Me doy por vencido.** No trato de cambiar nada. Sólo espero a ver qué pasa.

☐ 33. **Nada más importa.** Conseguir droga, usarla y recuperarme del uso es toda mi vida.

☐ 34. **Me dirijo a Dios o a un poder superior.** Quiero que Dios u otro poder superior o alguna religión me salve la vida.

☐ 35. **Me siento perdido y solo.** No trato de aparentar que mi vida es normal. Sé que soy un adicto o un alcohólico. Mi vida no cambiará o no puede cambiar.

☐ 36. **Me siento totalmente derrotado.** Estoy dispuesto a hacer lo que sea para mejorar.

☐ 37. **Estoy encerrado.** Me metieron preso o me internaron en centros de salud mental por mi uso de drogas.

☐ 38. **He usado drogas en la cárcel.** He usado alcohol u otras drogas estando preso.

☐ 39. **He usado drogas después del tratamiento en la cárcel.** He estado en un programa de tratamiento de la adicción mientras estuve preso, y empecé a usar nuevamente después de haber completado el programa con éxito.

Sume la cantidad de frases que marcó para cada fase de adicción. Escriba ese número en la casilla junto a cada fase.

➤ **Fase temprana de adicción**

Cantidad de casillas marcadas para las preguntas
1 a 12: _____

Si usted marcó una o más casillas en la primera sección, existe la posibilidad de que usted abuse o sea adicto al alcohol u otras drogas. Cuanto más cerca a 12 sea el puntaje, más posibilidades tendrá de ser un adicto.

➤ **Fase intermedia de adicción**

Cantidad de casillas marcadas para las preguntas
13 a 24: _____

Cualquier cantidad de casillas marcadas en esta sección significa que usted es un adicto y empezó a sentir que le están sucediendo cosas malas debido a su adicción. Cuanto más cerca a 12 sea el puntaje, más adicto es y peor se pondrán las cosas si no recibe ayuda.

➤ **Fase tardía de adicción**

Cantidad de casillas marcadas para las preguntas
25 a 39: _____

Cualquier cantidad de casillas marcadas en esta sección significa que usted se encuentra en la fase tardía de la adicción. En esta fase, usted puede haber perdido toda la esperanza y pensado que no podrá hacer nada para cambiar. Sin ayuda, sus posibilidades de morir por su adicción son muy altas si continúa usando alcohol u otras drogas.

EJERCICIO **5** EJERCICIO

Reacciones a la prueba de detección de la adicción

Conteste las siguientes preguntas lo más honestamente posible. Piense verdaderamente qué esfuerzo necesitará hacer para recuperarse de su uso de drogas.

➤ ¿Qué *piensa* usted de los resultados de su puntaje del ejercicio 4?

_____

_____

_____

➤ ¿Cómo se *siente* ahora sobre el puntaje del ejercicio 4?

_____

_____

_____

➤ ¿Qué acaba de enterarse de sí mismo? ¿Qué va a hacer al respecto?

_____

_____

_____

Es normal sentirse enojado o molesto con los resultados del ejercicio 4. Algunas personas piensan: "Esto no significa nada. Son sólo un montón de palabras", y tratan de ignorar los resultados. A esto se le llama negación. Usualmente, los alcohólicos y los drogadictos niegan ser adictos al alcohol u otras drogas. Sencillamente no pueden pensar en vivir sin sus drogas.

➤ Complete las frases siguientes.

Si no dejo de beber o usar drogas, probablemente yo . . .

_____

_____

_____

Si dejo de beber o usar drogas, yo podría ser capaz de . . .

_____

_____

_____

Usualmente, los alcohólicos y los drogadictos niegan ser adictos al alcohol u otras drogas.

Es normal sentirse enojado o molesto con los resultados del ejercicio de detección de la adicción.

Nueve síntomas generales de la adicción

Toda enfermedad tiene síntomas. Por ejemplo, si usted tiene gripe los síntomas son tos, dolor de garganta, dolor de cabeza y fiebre. La adicción también tiene síntomas. Estos son los nueve síntomas generales de la adicción:

1. **Estilo de vida orientado al alcohol u otras drogas**
   a. El alcohol u otras drogas son muy importantes en su vida.
   b. Usted usa drogas solo, busca y fija momentos para drogarse.
   c. Usted usa drogas, como si fueran medicamentos.
   d. Le gusta estar con otros consumidores de alcohol o drogas.
   e. Le gusta ir a lugares donde habrá drogas o alcohol disponibles.

2. **Obsesión mental con el alcohol u otras drogas**
   a. Usted pasa mucho tiempo pensando en drogarse.
   b. Usted espera ansioso el momento de drogarse.
   c. Usted acumula su provisión de alcohol u otras drogas.

3. **Compulsión emocional**
   a. Usted consume drogas o alcohol velozmente para sentir el efecto.
   b. Usted consume muchas drogas o bebe mucho alcohol.
   c. Usted se siente incómodo y frustrado cuando no puede drogarse.

4. **Imagen muy baja o superinflada de sí mismo**
   a. Usted viola su propio código moral.
   b. Usted piensa que no vale nada como persona. (Tiene baja autoestima.)
   c. Usted es arrogante; piensa que sabe todas las respuestas, que es mejor que todos.
   d. Con frecuencia, se siente desesperado, deprimido y despreciable porque piensa que no puede cambiar.

5. **Actitudes negativas rígidas**

   a. Usted es cruel y no le importa la gente.

   b. Usted ve el mundo como si fuera un mal lugar.

   c. Usted comete delitos.

   d. Usted no quiere cambiar y actuar de maneras más positivas.

6. **Defensas rígidas**

   a. Usted niega su uso de drogas y alcohol y sus consecuencias.

   b. Usted defiende, niega, minimiza y racionaliza sus comportamientos.

   c. Usted no pensará en nuevas maneras de verse a sí mismo ni de ver su conducta.

7. **Decepción**

   a. Usted no puede ver la verdad sobre sí mismo.

   b. Usted actúa sin darse cuenta de las consecuencias perjudiciales del alcohol o del uso de otras drogas.

   c. Usted actúa sinceramente cuando dice que todo está bien, aunque no lo esté.

   d. Usted no puede pensar sobre las consecuencias dolorosas y perjudiciales de su uso de drogas.

   e. Usted culpa a otros de cualquier problema que ve en los demás.

8. **Impotencia**

   a. Usted no puede parar su uso perjudicial de alcohol y otras drogas, aun cuando pueda admitir que las cosas deben cambiar.

   b. Usted perdió su habilidad de manejar su propia vida.

   c. Usted no puede pedir ayuda a otras personas.

   d. Usted promete cambiar, pero no puede.

   e. Usted cambia por corto tiempo, pero vuelve a beber y usar drogas (recaída).

9. **Síntomas físicos**

a. Su cuerpo tolera cantidades más y más grandes de drogas.

b. Usted experimenta síntomas de abstinencia cuando deja de beber o usar drogas.

c. Su memoria empieza a fallar. Se olvida de lo que pasa cuando se droga, o recuerda sólo lo bueno o los sentimientos de estar "eufórico" y se olvida de las consecuencias perjudiciales.

No importa qué droga o drogas use, la enfermedad y sus consecuencias son las mismas. Otra cosa importante sobre la enfermedad de la adicción es que siempre empeora. Siempre. Y si usted no hace algo al respecto, *lo matará*. Rápida o lentamente, es su elección. Pero su adicción *lo matará*. Piense lo siguiente: usted ya está preso y apartado de la sociedad. Sí, puede hacer algunas llamadas telefónicas al exterior, pero usted no es libre. Usted está encerrado.

Los adictos no hacen elecciones sanas. Por ejemplo, usted gasta su dinero para la comida en drogas o roba una tienda para conseguir dinero para comprar drogas. Para empeorar las cosas, usted ignora o justifica los resultados negativos de sus conductas controladas por su adicción.

También es importante entender que *una vez que se hace adicto a una droga, usted es adicto a todas las sustancias que alteran el carácter* aun cuando no las haya probado. Es cierto. Una vez que es adicto, algo cambia en su cuerpo y en su cerebro, de manera que cuando usted prueba otra droga, se hace adicto a esa droga también.

Encontrar una persona de confianza que lo apadrine

Usted está en una situación difícil. Está empezando a pensar sobre su vida. Quizá algunos de sus compañeros que han estado en tratamiento por algún tiempo están presionándolo para que sea más honesto consigo mismo. Quizá usted está empezando a dudar de la forma como se ha visto a sí mismo.

Confíe en nosotros en esto: usted no puede hacer estos cambios en su vida por su cuenta. Hemos visto a mucha, mucha gente tratando de hacerlo y luego fallar. Necesitar ayuda de alguien no significa que usted sea débil. Todos necesitamos ayuda a veces y está bien admitirlo. Un buen padrino le ayudará en su compromiso para cambiar.

Tener un buen **padrino** marca la diferencia para poder estar libre de drogas y delitos. Sin un buen padrino, usted decrece sus oportunidades de tener éxito, no importa lo mucho que quiera lograrlo o lo mucho que trabaje. Recuerde: ¡no puede hacer esto solo!

Escoger un padrino es una decisión muy importante. Usted le contará a esta persona los detalles de su uso de alcohol y otras drogas, sus actividades delictivas y otra información sobre su vida. Su padrino debe ser una persona en la que usted confíe de verdad. Esta persona también debe tomar sus comportamientos en serio y no subestimar sus posibilidades de recaer. Su padrino debe ser alguien que usted respetará y escuchará aun cuando le diga algo que usted no quiera oír.

Tenga cuidado cuando elija su padrino. Usted no debe escoger a su novia, su esposa, un pariente, o alguien por quien podría sentirse atraído sexualmente. Estas personas están demasiado cerca del problema.

> **Padrino**
>
> Su *padrino* será la persona a quien usted puede recurrir en una crisis. La persona a quien puede llamar en cualquier momento. La persona que puede darle una patada en el trasero cuando usted esté poniendo excusas, y darle esperanza cuando esté pensando que la vida sencillamente no mejorará nunca.

Un padrino debe ser:

- sobrio (no debe beber)

- del mismo sexo

- objetivo y capaz de darle apoyo

- digno de confianza

- capaz de ayudarle a encontrar soluciones a sus problemas

- objetivo y decirle lo que piensa, aun cuando usted no quiera oírlo

Un buen padrino cree que la abstinencia es la única solución para los adictos y es activo en un programa de recuperación. Algunos ejemplos de programas de recuperación son: Alcohólicos Anónimos, Narcóticos Anónimos, Hombres en Sobriedad, 13 Plumas y Caminando el Sendero Rojo *(Alcoholics Anonymous, Narcotics Anonymous, Men for Sobriety, 13 Feathers, Walking the Red Road)*.

Un padrino debe ser alguien a quien usted respete de verdad, no por el dinero que tenga o por su hermoso automóvil, sino como persona.

Los padrinos tienen empleos. Tienen familias y cuidan de ellas y de otras personas. No roban ni venden drogas. Se han ganado el respeto de sus familias, de sus amigos y de la comunidad. Ellos hacen cosas por los demás, que es su forma de "dar".

Mientras está encarcelado, pida a su consejero sugerencias sobre quién podría ser su padrino. Esta persona podría ser un compañero más avanzado en su programa. Algunos programas de recuperación como AA pueden conseguirle un padrino mientras usted esté en la cárcel. Cuando lo pongan en libertad, esta persona podría continuar siendo su padrino.

Tener un buen padrino marca la diferencia para poder estar libre de drogas y delitos.

EJERCICIO 6 EJERCICIO

Escogiendo a un padrino

➤ Haga una lista de las personas en su vida que podrían ser su padrino. En el espacio correspondiente, escriba las razones a favor y en contra de esa persona para ser un buen padrino. Considere las cualidades que tenga esta persona, como ser sincera, digna de confianza, compasiva, capaz de guardar secretos y otras. Su padrino también debe satisfacer los requisitos de la página 26. Esta persona también debe tener el tiempo para ayudarlo y creer firmemente que su única esperanza es no usar drogas ni cometer delitos.

Persona:	Razones a favor:	Razones en contra:
_____	_____	_____
	_____	_____
	_____	_____
_____	_____	_____
	_____	_____
	_____	_____
_____	_____	_____
	_____	_____
	_____	_____
_____	_____	_____
	_____	_____

➤ Clasifique a las personas de su lista desde la mejor elección a la menos aceptable. (La número uno debería ser la mejor, la número dos la segunda mejor, y así sucesivamente.) Escoja la tres personas principales. Hable con su grupo sobre cada una de ellas.

➤ Pregunte a su grupo de apoyo o al terapeuta qué persona, si la hubiera, sería la mejor para ser su padrino y por qué. Si ninguna de esas personas sirvieran, comience una lista nueva en su cuaderno.

Una vez que escoja un padrino, hable con su líder de grupo sobre cómo empezar exactamente su relación con el padrino. Uno de los resultados de su uso de drogas y su adicción es que usted se volvió una persona aislada; con el tiempo, se separó lentamente de su familia y de sus amigos. No importa a quién escoja como padrino, debe contarle *todo* a esta persona. Si usted adapta, omite o filtra información, limitará la eficacia de su tratamiento. La clave del éxito es compartir todo, incluso sus peores secretos. Está bien admitir cuán fuera de control ha estado.

La historia de Miguel (continuación)

En el pasado, no confiaba en nadie. Para estar sobrio y limpio, finalmente comprendí que necesitaba confiar en las personas. Mi padrino es un ex convicto, lo que resultó ser una gran ayuda. Pero yo solamente recibo de esta relación lo que pongo en ella. Esto significa arriesgarme a hacer preguntas, escribirle y llamarlo, hablar en las reuniones y hacer contacto diario. Sin mi padrino, no estoy seguro de que estaría sobrio todavía.

— Miguel, encarcelado
Participante en el programa Un Nuevo Rumbo

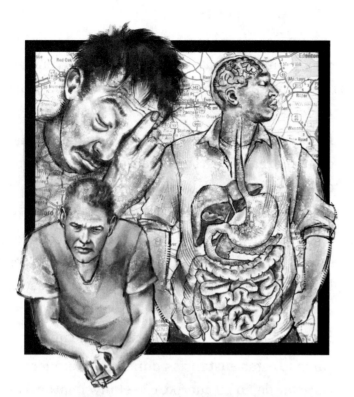

Su cuerpo con alcohol y otras drogas

¿**Q**ué le pasa a su cuerpo cuándo usted es un adicto? Aunque el proceso es complicado, las ideas básicas son simples de entender.

Primero, su cerebro usa energía química y eléctrica para enviar mensajes desde y hacia el resto de su cuerpo. El dolor, la temperatura, el peligro y el hambre son ejemplos de estos mensajes. Cuando su estómago está vacío, su cerebro recibe una señal de que su cuerpo necesita comida. Se envía un mensaje a su estómago y entonces usted siente hambre.

La senda del placer

Las funciones del cuerpo como la respiración y el latido del corazón son controladas por ciertas áreas del cerebro. Otras partes del cerebro responden al dolor o al placer. Así es como funciona:

1. La mayoría de sus sensaciones agradables vienen de una área del cerebro conocida como la "senda del placer". Cuando le ocurre algo bueno, su cerebro produce sustancias químicas que le hacen sentir feliz.

2. La "senda del placer" también es el área donde las drogas como el alcohol y la cocaína afectan al cerebro. Las drogas le dan una ráfaga extra de sensaciones agradables.

3. Estas sensaciones no duran mucho tiempo.

4. Cuando estas sustancias químicas alteradoras del carácter dejan su cuerpo, cae el nivel natural de sus propias sustancias químicas cerebrales para hacerle sentir feliz.

5. Entonces, usted se siente incómodo, triste, deprimido o nervioso.

6. Cuantas más drogas haya estado usando, peor se siente durante la abstinencia. Su cuerpo está reaccionando a la falta de drogas.

7. A usted no le gustan estas sensaciones, así que se droga más para sentirse eufórico y sentirse mejor otra vez.

Usted necesita alcohol u otras drogas simplemente para sentirse bien. Su cerebro y su cuerpo están ahora "adictos" a estas drogas. Muy pronto, conseguir drogas para sentirse bien se vuelve la cosa más importante en su vida. Eso es todo lo que usted quiere hacer.

El cerebro adicto

Los cerebros de las personas adictas son diferentes de los cerebros de las personas no adictas. Las drogas como el alcohol, la cocaína, la metanfetamina y la marihuana afectan en forma diferente a las personas adictas. Las personas "normales" no sienten el alto estado de "euforia" que los adictos aman tanto.

En algún momento de la historia de un adicto al alcohol o al uso de drogas, ocurre un cambio en el cerebro de esa persona. Este cambio hace que el adicto quiera usar drogas una y otra vez a pesar de los resultados negativos.

Una vez que ocurre el cambio en su cuerpo para hacerlo un adicto, nunca más puede regresar a la "normalidad". ¿Recuerda la historia en la Sección 1 del pepino que se convirtió en un encurtido? Así es como sucede, aunque deje de beber y usar drogas por años.

Cuando usted empieza otra vez a usar *cualquier* droga, el ciclo comienza de nuevo. Así es como sabemos que la adicción es una enfermedad. Una vez que ocurre el proceso químico de la adicción, nunca puede curarse.

Sólo puede detenerse no usando la droga y con un buen programa de recuperación.

Ésta es una de las causas principales de la recaída: después de no haber usado por cierto tiempo, usted se siente saludable, se siente bien. Usted piensa que está curado. Usted piensa que puede tocar las drogas de nuevo. Pero no puede.

Recaída = Encarcelamiento o Muerte

Cuando usted trata de dejar de usar drogas, sencillamente no se sentirá muy bien. Así es la abstinencia. Su cuerpo se ha adaptado a las drogas que estaba usando. Mientras su cerebro y cuerpo sanan, usted puede sentirse no muy bien por un tiempo. Le tomará cierto tiempo a su

Una vez que ocurre el proceso químico de la adicción, nunca puede curarse.

31

cerebro aprender a hacer nuevamente sus propias sustancias químicas para tener "sensaciones agradables" *sin* drogas. Para ayudar a su cerebro a mejorar más rápido, haga mucho ejercicio, duerma y comparta sus sentimientos con otras personas.

La recuperación no se trata de cómo no usar drogas. Se trata de aprender a vivir cómodamente sin tener que volver a ellas.

EJERCICIO **7** EJERCICIO

¿Qué son los sentimientos?

➤ Piense en un tiempo en que usted no estaba usando alcohol u otras drogas (pero tampoco estaba en tratamiento). Quizá paró porque su familia insistía mucho o alguien había amenazado con dejarlo. O quizá usted sólo estaba tratando de demostrarse a sí mismo que podía controlar su uso. En el espacio a continuación, describa sus pensamientos y sentimientos en ese momento.

_____

_____

_____

_____

_____

Tres clases principales de drogas

Las tres clases principales de drogas son

- depresoras
- estimulantes
- estimulantes/depresoras

Las drogas en cada una de estas clases tienen muchos efectos físicos secundarios perjudiciales.

Depresoras

Las *depresoras* o "downers" son drogas que retardan la actividad del cerebro; el cuerpo entero también retarda su actividad. Los síntomas de usar estas drogas son: hablar en forma confusa, mala coordinación, reflejos y tiempo de reacción lentos, sueño, confusión y respiración lenta.

Las depresoras incluyen los siguientes:

- alcohol
- Quaaludes
- sedantes como Valium, Xanax, Librium y Klonapin
- barbitúricos, como Seconal y Tuinal
- píldoras para dormir, como Dalmane y Halcion

Si usted ha usado alcohol, puede estar pensando: "¡Eh, cuando bebo, me siento *estupendo*! ¡El alcohol no es un depresor; me estimula! Me pone "*high*" o eufórico". Sí, ése es el primer efecto del alcohol. Pero, a medida que bebe más y más, ¿qué es lo que pasa? Se duerme, pierde el conocimiento. Y *eso* ocurre porque el alcohol es un depresor. Hay una euforia breve pero, a medida que sigue bebiendo, su cuerpo retarda sus funciones más y más. Hasta puede detenerse su respiración, causando la muerte.

Efectos médicos de las drogas depresoras, incluyendo el alcohol

El alcohol es la droga que se abusa más frecuentemente en los Estados Unidos y es la droga *más peligrosa* de abusar porque afecta *cada uno* de los órganos del cuerpo. Ninguna parte del cuerpo está a salvo de sus efectos perjudiciales.

- El alcohol envenena todos los órganos y sistemas de su cuerpo. Irrita el revestimiento del estómago y de los intestinos causando náusea, vómitos y diarrea.

- El alcohol también es una de las causas de cáncer de intestino, estómago, boca y garganta.

- El alcohol destruye su hígado. Se inflama y deja de trabajar correctamente. Si usted bebe por mucho tiempo, se forman cicatrices en su hígado que lo hacen fallar por completo.

- El alcohol tiene efectos serios en su corazón y en los vasos sanguíneos. Beber tres o más tragos al día puede subir su presión arterial y aumentar el riesgo de un ataque al corazón o de fallas cardíacas.

- Beber alcohol hace que los conductos de aire en sus pulmones se estrechen, lo que dificulta la respiración.

- Casi todos alcohólicos sufren algún tipo de daño cerebral como resultado de beber. El alcohol afecta su memoria y su habilidad de pensar.

- El alcohol disminuye su impulso sexual, así como su habilidad para tener sexo.

- Los niños nacidos de madres alcohólicas pueden tener problemas médicos severos, incluyendo defectos cardíacos, baja inteligencia y retardo mental.

- Los alcohólicos están con frecuencia más deprimidos y tienen un porcentaje más alto de suicidio que la mayoría de las personas.

La abstinencia o supresión del alcohol y otras sustancias depresoras es sumamente peligroso. Si no recibe tratamiento, puede causar convulsiones y la muerte. Si lugar a dudas, *el alcohol y otras drogas depresoras son las sustancias más peligrosas que usan los adictos.*

Otras sustancias depresoras, incluyendo los sedantes, los barbitúricos y las píldoras para dormir, actúan sobre el cerebro al igual que el alcohol. No causan daño al hígado ni suben la presión arterial, sin embargo, sus efectos son peligrosos.

Efectos físicos del alcohol u otras sustancias depresoras

➤ ¿Cómo le afectaron físicamente el alcohol u otras sustancias depresoras? En la lista a continuación se indican los problemas médicos comunes de las personas que abusan del alcohol. Ponga un **X** junto a cada problema que usted haya tenido.

____ alta presión arterial que mi médico tuvo dificultad en tratar

____ náuseas por la mañana, vómitos, temblores, mareos

____ tos por la mañana

____ ataques cardíacos

____ dolor estomacal frecuente, sangrado

____ un médico en la sala de emergencia me advirtió que cambiara mi estilo de vida de drogadicción y delincuencia porque eso iba a matarme

____ análisis anormales del hígado debido al alcohol

____ rotura frecuente de huesos, moretones sin explicación y peleas

____ dificultad para recordar lo que hice mientras bebía (lagunas mentales)

____ hospitalización por cualquier problema causado por beber, como huesos quebrados o peleas

____ me dijo mi médico que yo tenía un problema de salud por beber

____ vomitar sangre como resultado de beber

➤ Other effects:

_____

Estimulantes

La cafeína, la nicotina, la cocaína, el "crack", la metanfetamina, el "cristal" y las anfetaminas son todos *estimulantes* o "uppers". Todos los estimulantes intensifican las funciones del cerebro y del cuerpo –aceleran las cosas. Estos efectos duran por períodos cortos de tiempo, usualmente de cinco a treinta minutos. Los estimulantes también usan completamente sustancias químicas cerebrales específicas. Sin dichas sustancias, el deseo intenso por más estimulantes es muy fuerte.

Con los estimulantes, el proceso adictivo comienza temprano y ocurre rápidamente. El "crack" y la nicotina son dos de las drogas más adictivas. Las personas se pueden volver adictas al "crack" después de usarlo pocas veces. La primera vez que se usa es siempre la mejor; no importa lo mucho que trate, nunca podrá conseguir el mismo efecto. La mayoría de los estimulantes no permanecen en el cuerpo por mucho tiempo, así que hay que usarlos repetidamente.

Efectos médicos de los estimulantes

La mayoría de los problemas de salud causados por los estimulantes ocurren durante el uso de la droga. Las anfetaminas y la cocaína causan alta presión arterial y aumentan los latidos del corazón. Los consumidores de cocaína se arriesgan a tener un ataque al corazón, no importa su edad.

A menudo, las personas que usan cocaína y anfetaminas sufren daño cerebral. Los usuarios de cocaína pueden tener convulsiones mientras la usan. Si no se tratan, las convulsiones continuarán y pueden matar al usuario. Los estimulantes también pueden causar daño cerebral e incluso la muerte, debido a un ataque cerebral.

Los estimulantes disminuyen el impulso normal humano de dormir, de tener sexo y de comer. Los individuos que usan estimulantes en exceso, con frecuencia están mal alimentados. Los problemas asociados con dietas pobres pueden causar otros daños al cuerpo, especialmente al cerebro.

Inyectarse estimulantes con agujas sucias o compartidas causa otros problemas. Son muy comunes las infecciones o abscesos en la piel donde se inyectó el estimulante. El virus

La mayoría de los estimulantes no permanecen en el cuerpo por mucho tiempo, así que hay que usarlos repetidamente.

del VIH y la hepatitis también se propagan por inyectarse drogas.

Los estimulantes son muy adictivos y peligrosos. Dado que muchas de estas drogas son ilegales, con frecuencia están asociadas a delitos violentos. Muchos usuarios se mueren por el consumo de drogas o por el estilo de vida relacionado con ellas.

Efectos de los estimulantes

➤ ¿Cómo afectó su salud el uso de estimulantes? A continuación hay una lista de complicaciones por el uso de estimulantes. Ponga una **X** junto a cada complicación que usted haya experimentado.

____ sentir como si mi corazón fuera a salirse de mi pecho

____ se formó un hueco dentro de la nariz

____ tic nervioso

____ dolor en el pecho

____ convulsiones repentinas al usar estimulantes

____ dientes flojos

____ dolor de las articulaciones

____ ver o escuchar cosas que no estaban allí (alucinaciones)

____ conducta violenta (mientras usaba estimulantes)

____ habilidad disminuida de pensar

____ malnutrición debido a episodios de uso excesivo de estimulantes

____ ver y sentir "hormigas en el cuerpo"

____ creer que las personas me están "persiguiendo" o me siguen cuando estoy usando estimulantes (paranoia)

____ sentir que no puedo confiar en nadie (paranoia)

____ mirar furtivamente por las ventanas

____ tener hijos nacidos con defectos de nacimiento debido a mi uso de estimulantes

➤ Otros efectos:

_____

_____

➤ Luego, escriba los nombres de las personas que conozca
que hayan muerto o estén muy enfermas por el uso de
estimulantes.

_____

_____

Estimulantes/Depresoras

Ciertas drogas actúan como estimulantes y depresoras a
la vez. Estas drogas primero aceleran y luego retardan las
funciones del cuerpo. Los narcóticos, los alucinógenos y los
inhalantes son estimulantes/depresores.

Narcóticos

La morfina, la heroína, la codeína, el Darvon, el Dilaudid,
el Talwin, el Vicodin y la metadona, son narcóticos. Estas
drogas alivian el dolor y aumentan el placer en su cuerpo.
Los efectos perjudiciales de los narcóticos incluyen:
estreñimiento, náuseas y vómitos, menor interés en el sexo,
hambre extrema, baja presión arterial, respiración lenta,
dificultad para dormir y pérdida de interés en las actividades normales.

Un peligro común con el uso de narcóticos es la mala
calidad de la droga, porque los narcóticos que se consiguen
en la calle no están controlados. Como usted sabe, los
narcotraficantes "cortan" o rebajan los narcóticos de
cualquier manera y con cualquier cosa. Usted puede morirse

por las sustancias venenosas en la droga o por usar una droga, como la heroína, que sea más pura de lo que su cuerpo pueda tolerar.

Alucinógenos

Los alucinógenos incluyen LSD, PCP (polvo de ángel/*angel dust*), mescalina, peyote, marihuana y las "drogas de club" como éxtasis, GHB y ketamina. Estas drogas provocan un gran aumento de una sustancia química en el cerebro que proporciona una sensación de bienestar. Esto causa alucinaciones. Algunas de estas drogas, particularmente el PCP, pueden causar fuerza y violencia extremas. Después de que se desvanecen los efectos de estas drogas, viene la depresión y el cansancio. Con frecuencia, estas drogas están rebajadas con otras sustancias químicas venenosas.

Inhalantes

Los inhalantes incluyen colas, solventes para pintura, quitaesmalte, gasolina, benceno y óxido nitroso. Estas drogas son muy peligrosas porque pueden causar la muerte o daño cerebral con sólo un uso. Los efectos son: comportamiento demente y alucinaciones, confusión, náuseas, vómitos, dolores de cabeza, convulsiones y ataques cardíacos. Los inhalantes dañan el hígado, los riñones y la médula ósea; incluso dosis pequeñas pueden causar cáncer. Peor aún, cuanto más joven sea la persona, mayor el daño que causa al cuerpo. Esto es debido a que las células jóvenes y en crecimiento se dañan más fácilmente que las células de un adulto.

Marihuana

Aun cuando la marihuana está incluida en la categoría de los alucinógenos, muchas personas piensan que la marihuana es una droga inofensiva y no adictiva. Esto sencillamente no es así. La marihuana es un problema muy grande para muchas personas. Tiene muchos de los mismos efectos secundarios que otros alucinógenos y, es a menudo, la puerta de entrada al uso de otras drogas. Los efectos secundarios a largo plazo incluyen pérdida de la memoria y disminución de la habilidad para aprender.

¿Cómo las drogas le han influenciado física, mental, emocional y sicológicamente?

Efectos de las drogas estimulantes/depresoras

➤ A continuación hay una lista de algunos de los efectos causados por el uso de drogas estimulantes/depresoras. Ponga una **X** junto a cada efecto que usted haya experimentado al usar la droga.

Efectos de los narcóticos

____ náuseas y vómitos severos debido a las drogas

____ estreñimiento regular

____ sobredosis

____ accidentes de automóvil por adormecerse debido a los narcóticos

____ novia o esposa que tuvo un bebé con defectos de nacimiento debido a las drogas

____ novia o esposa que tuvo un bebé que necesitó tratamiento para retirarle los narcóticos al nacer

____ alucinaciones (ver cosas que no estaban realmente allí)

____ conducta violenta al estar drogado

____ menor interés en el sexo al estar drogado

Efectos de la marihuana

____ mala memoria

____ falta de motivación (para trabajar o estudiar)

____ problemas para aprender

____ dificultad para pensar y resolver problemas

____ esterilidad (no puede procrear un hijo)

____ esperma deformado

____ mala concentración

____ tos

____ mayor riesgo de cáncer pulmonar

____ sistema inmunológico debilitado

____ dolor de garganta

Efectos generales de las sustancias estimulantes/depresoras

____ dolores constantes de cabeza

____ internamiento en un hospital psiquiátrico por síntomas causados por el uso de drogas

____ daño cerebral por los inhalantes o alucinógenos

____ "malos viajes"

____ daño del riñón o del hígado

____ recuerdos repentinos del pasado

Otros efectos:

_____

_____

_____

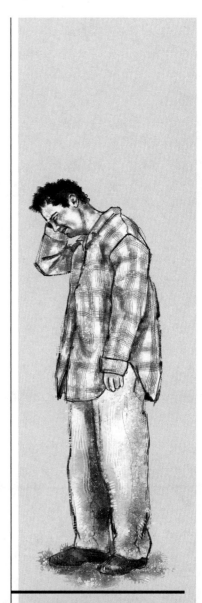

Los efectos a largo plazo de la marihuana incluyen la pérdida de la memoria y menor habilidad para aprender.

¿Con cuántos efectos se puede identificar? Al revisar la lista de los efectos de las diferentes drogas, usted debe tener una mejor idea de cómo le afectaron física, mental, emocional y psicológicamente estas drogas.

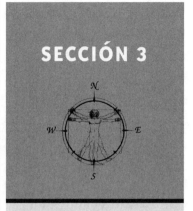

**UN NUEVO
RUMBO**

*Programa de Tratamiento
Cognitivo-Conductual*

La enfermedad de la adicción y sus efectos

En el pasado, la adicción al alcohol y otras drogas era vista como un problema moral. Se pensaba que los adictos tenían un carácter débil. Pensábamos que simplemente no les importaban suficientemente las demás personas o ellos mismos como para dejar las drogas. Habríamos dicho: ¿Por qué sencillamente no controlan su bebida como el resto de nosotros?

Hoy, sabemos que usted no puede simplemente "dejar". Es imposible. Con frecuencia, los adictos son los últimos en comprender que están enfermos de una enfermedad mortal. Y a su familia y a sus amigos también les resulta difícil tener que enfrentar la adicción. De hecho, ellos pueden ser adictos, también. Como toda persona que padece de una enfermedad seria, usted necesita ayuda.

Características de la adicción

Estos son los seis aspectos principales de la enfermedad de la adicción:

1. **Es una enfermedad.** La adicción al alcohol u otras drogas es una enfermedad con síntomas claros, tales como: lagunas mentales, preocupación con el uso, tolerancia aumentada a los narcóticos y temblores.

2. **Es crónica.** Una vez que se es un alcohólico/drogadicto, siempre se será un alcohólico/drogadicto. Una vez que se transforma en un encurtido, no puede volver a ser un pepino. Usted nunca más podrá usar nuevamente alcohol u otras drogas "normalmente".

3. **Es progresiva.** Esta enfermedad se pondrá peor y peor a menos de que se trate. Si usted deja de beber o usar drogas durante meses o incluso años pero luego empieza a beber o drogarse nuevamente, volverá exactamente a lo mismo que antes en muy poco tiempo.

4. **Causa la muerte "social".** Con el tiempo lo sacarán de su comunidad y lo encarcelarán como está ahora. Hay muchas rutas al encarcelamiento: homicidio con vehículos, vender o comprar drogas ilegales, violencia bajo influencia de las drogas y otras más. No importa en qué ruta se encuentre, todos los caminos del uso de drogas llevan a los adictos a la muerte social y física.

5. **Le matará.** Si usted es un alcohólico o un drogadicto que continúa bebiendo o drogándose, su uso de drogas finalmente le matará (y quizá a alguien más,

también). La muerte puede ser el resultado de accidentes, suicidio, sobredosis, asesinato o destrucción de su cuerpo por estas drogas y el estilo de vida relacionado con drogas. La adicción le matará. Es sólo una cuestión de tiempo. Lo puede dar por garantizado.

6. **No beber/drogarse es la única cura.** El único tratamiento eficaz para la adicción es parar de usar y formar un nuevo grupo de personas que puedan ayudarle y apoyarle en su nueva vida libre de drogas. ¿Es fácil? No. ¿Es posible? ¡Sí! Millones y millones de personas se han recuperado de esta enfermedad. Usted también puede.

Tenga presente estos puntos:

- Si el alcohol o el uso de otras drogas causa regularmente *cualquier* problema en su vida y *no para de usar,* usted es un adicto.

- Una persona que no es alcohólica, por ejemplo, podría tener una infracción de tránsito por conducir embriagada. Podría tener un problema en el trabajo relacionado con el alcohol. Podría tener problemas familiares por un episodio relacionado con la bebida. Pero un problema, sólo un problema, sería suficiente para que esa persona dijera: "¡Si voy a tener este tipo de problema, voy a parar de usar ahora mismo!". Y entonces deja el alcohol.

- Por otro lado, un alcohólico o un adicto como usted, sigue bebiendo o drogándose aun cuando le cause un problema tras otro.

La tabla en la próxima página muestra los síntomas de la adicción desde la fase temprana de esta enfermedad hasta su fase final. Como dijimos, es una enfermedad progresiva. Revise las respuestas que usted dio en Detectando la adicción al alcohol o las drogas, en las páginas 15 a 19 de la Sección 1. ¿A qué nivel de la adicción se encuentra usted?

La adicción le matará. Es sólo una cuestión de tiempo. Puede contar con esto.

TABLA PERSONALIZADA DE LA ENFERMEDAD DE LA ADICCIÓN (ADAPTADA DE JELLINEK CURVE)

Fase temprana

___ Esconde las bebidas u otras drogas

___ Está preocupado con el alcohol u otras drogas

___ Bebe de un trago/usa rápidamente las drogas

___ Evita hacer referencias al uso de alcohol u otra droga

___ Tiene lagunas mentales

___ Tiene más tolerancia al alcohol u otras drogas

___ Bebe o se droga antes y después de ocasiones sociales

___ Comienza a usar alcohol u otras drogas para aliviar la tensión, estrés, etc.

___ Se siente incómodo en situaciones sin alcohol o drogas

Fase intermedia

___ Experimenta pérdida de control

___ No es honesto sobre el uso de alcohol u otras drogas

___ Usa alcohol u otras drogas para aliviar la tensión y estrés, cada vez más a menudo

___ Esconde y protege el suministro de alcohol o drogas

___ Tiene la necesidad urgente del primer uso del día de alcohol o drogas

___ Hace la prueba de tener períodos de abstinencia forzada

___ Otra gente desaprueba el consumo de alcohol o drogas

___ Racionaliza el uso de alcohol o drogas

___ Se pone más y más agresivo

___ Muestra una conducta exagerada y arrogante

___ Se siente culpable del uso de alcohol o drogas

___ Come mal y a veces "se olvida" de comer

___ Acumula resentimientos irracionales

___ Cuida cada vez menos las relaciones personales

___ Considera mudarse a un nuevo vecindario o ciudad para curar el uso de alcohol o drogas

___ El impulso sexual es cada vez menor

___ Renuncia o pierde empleos

___ Se vuelve más y más celoso de los demás

___ Usa alcohol o drogas solo (en secreto)

___ Trata de controlar el alcohol o el uso de otras drogas

Fase tardía

___ Comienza a tener temblores y sacudidas

___ Bebe o usa drogas temprano por la mañana

___ Comienza a sentirse cada vez más triste y por más tiempo

___ Tiene períodos de uso excesivo de alcohol y drogas

___ Ya no puede pensar claramente

___ Pierde la tolerancia al alcohol o a las drogas

___ Comienza a sentirse generalmente asustado más y más seguido

___ No puede trabajar

___ Su salud física se empeora

___ Ha perdido la moral

___ Se le interna en un hospital o centro de tratamiento

___ Pierde la familia y los amigos

___ Ya no tiene más excusas para usar alcohol o drogas

Fase final

___ Encarcelamiento y/o muerte

Patrones de pensamiento adictivo

Los ***patrones de pensamiento adictivo*** son muy similares
a los patrones de pensamiento delictivo. Los patrones de
pensamiento delictivo son aquellos que dicen que está bien
violar los derechos o la propiedad de los demás. Los patrones
de pensamiento adictivo justifican su uso de alcohol y otras
drogas.

Las categorías de pensamiento adictivo incluyen pensamientos que sugieren, justifican o promueven embriagarse o
drogarse sin importar las consecuencias para sí mismo o
para los demás.

Estos son los patrones de pensamiento
adictivo que hemos identificado:

- actitud de autocompasión
- actitud de "buena persona"
- actitud de "persona única"
- temor a ser desenmascarado
- perspectiva de falta de tiempo
- esfuerzo selectivo
- uso del engaño para controlar
- buscar primero el placer
- actitud de ser "dueño de todo"

Patrones de pensamiento adictivo

Los *patrones de pensamiento
adictivo* son formas de pensar que
dicen que está bien usar la cantidad
de drogas y alcohol que quiera, tan
a menudo como desee y hacer
todo lo que sea necesario para
conseguirlas.

A usted, como adicto, le gusta creer que sus pensamientos
y sentimientos son "especiales". Es una forma de verse como
una persona única, valiosa e importante. Y usted tiene sus
propias "formas especiales" de hacer las cosas. Pero no
importan las diferencias entre usted y otros adictos, todos
los adictos luchan con pensamientos confusos, comportamiento fuera de control y los problemas que pueden ocurrir.
Los resultados son muy similares a los del pensamiento
delictivo y comportamiento delictivo.

¿Es el alcohol la **causa** o el **resultado** de mis problemas?

La Figura 2 muestra lo similares que son los estilos de vida adicto y delictivo.

Figura 2
LAS SIMILITUDES ENTRE LOS ESTILOS DE VIDA ADICTO Y DELICTIVO

ESTILO ADICTO DE VIDA

Delitos al servicio del uso de la droga

Falsa responsabilidad

Desequilibrio en el manejo del estrés

Frivolidad interpersonal

Acciones inadvertidamente trágicas para otras personas

Torcimiento de las reglas sociales

Pensamiento miope

[centro]

Estilos de vida de perdedor

Irresponsabilidad

Ponerse en situación de fracaso

Autodestructividad

Baja autoestima

Violación de las reglas, normas y leyes sociales

Excusas y estilos de pensamiento similares

ESTILO DELICTIVO DE VIDA

Drogas al servicio del delito

Irresponsabilidad generalizada

Hedonístico

Entrometerse en la vida de la gente

Acciones dirigidas a violar las reglas y los derechos de los demás

Ataques directos a la autoridad

Pensamiento orientado al poder

EJERCICIO **11** EJERCICIO

Su uso del pensamiento adictivo

En los espacios a continuación, escriba cómo usó los siguientes patrones de pensamiento adictivo para justificar su uso de alcohol u otras drogas.

➤ Actitud de autocompasión

Usted piensa que el mundo quiere oprimirlo, que es víctima de la mala suerte. A usted le resulta muy difícil hacerse responsable de lo que le sucede. Usted se ve a sí mismo como la víctima.

EJEMPLOS: *"Mi papá era un borracho y mi mamá se inyectaba heroína. No es mi culpa si me drogo."*

"Cuando iba a la escuela, siempre me penalizaban por cosas que yo no había hecho. La vida siempre ha sido injusta conmigo."

1. _____

_____

2. _____

_____

➤ Actitud de "buena persona"

A pesar de todas las cosas que estropeó y todas las veces que se traicionó a sí mismo y a los demás, usted todavía piensa que es una persona decente.

EJEMPLO: *Usted trata siempre de dar una buena imagen de sí mismo señalando continuamente que alguna otra persona es peor que usted. Usted dice:"Por lo menos no soy un adicto al "crack" o "No soy un borracho perdido como ese tipo".*

1. _____

_____

2. _____

_____

My droga favorita es más droga.

➤ **Actitud de "persona única"**

A usted le gusta verse distinto y especial. También tiende a fantasear sobre sí mismo. Usted puede verse como una figura misteriosa, aventurera o trágica, como un pirata o un vaquero del Lejano Oeste o un gángster, o algún otro personaje supermalo y superduro.

EJEMPLOS: *"Yo puedo beber más que nadie."*

"El 'crack' me lleva a lugares que ni siquiera puedes imaginar."

"He pasado de contrabando, sin que me descubrieran, más drogas de las que verás en tu vida."

1. _____

   _____

2. _____

   _____

➤ **Miedo a ser desenmascarado**

Usted teme que será descubierto como adicto o alcohólico, y tendrá que parar de usar alcohol u otras drogas. Así que esconde su uso o hace alarde de él. De cualquier manera, tiene miedo a cambiar su vida de forma tal que signifique cambiar su uso de alcohol u otras drogas.

EJEMPLOS: *Usted esconde lo mucho que bebe para que las personas no sepan que usted usa alcohol u otras drogas y lo confronten. O usted se muestra orgulloso de cuán seguido se droga, como una estrategia de poder para aparentar que nada puede dañarle.*

1. _____

_____

2. _____

_____

➤ **Perspectiva de falta de tiempo**

Debido a que drogarse es la cosa más importante en su
vida, usted tiende vivir sólo en el presente cuando está
bajo el efecto de las drogas, y sólo en el futuro inmediato
("¿Cómo puedo conseguir más, pronto?") cuando no está
drogado.

EJEMPLO: *"El futuro está muy lejano todavía. Hoy voy
a disfrutar drogándome."*

1. _____

_____

2. _____

_____

➤ Esfuerzo selectivo

Usted tiene la energía para satisfacer sus propios deseos de placer, pero no la suficiente para los demás, incluyendo sus hijos u otros seres queridos. Usted tiene el empuje para cometer delitos y usar drogas, pero no para encontrar o mantener un trabajo o terminar la escuela.

EJEMPLOS: *"De una manera u otra las cosas funcionarán aun cuando no me presente a trabajar esta noche. Necesito una noche libre."*

"Estoy demasiado ocupado para ir a la reunión de grupo esta noche."

1. _____

_____

2. _____

_____

➤ Uso del engaño para controlar

Usted mentirá, estafará, robará, dirá verdades a medias e implorará para conseguir y continuar usando alcohol u otras drogas.

EJEMPLOS: *"Le dije a mi esposa que me gasté el dinero en una multa de estacionamiento para que no supiera que estuve comprando 'crack'."*

"Le dije a mi jefe que estaba enfermo en vez de decirle que tenía una resaca."

1. _____

_____

2. _____

_____

➤ **Buscar primero el placer**

Usted busca el placer de los efectos de la droga sin considerar las graves consecuencias físicas, mentales y legales que causan.

EJEMPLOS: *"Yo no tengo realmente un problema. Sólo me gusta beber cuando estoy estresado."*

"¿Qué hay de malo con pasar un buen rato?"

1. _____

_____

2. _____

_____

➤ **Actitud de "ser dueño de todo"**

Puesto que usted hará cualquier cosa para alimentar su adicción, cree erróneamente que está bien robar y estafar a los demás para conseguir lo que más desea: drogas o alcohol.

EJEMPLO: *Robar dinero de un miembro de la familia para comprar drogas.*

1. _____

_____

2. _____

_____

Los efectos de su adicción

Anteriormente, usted vio cómo los adictos regularmente pierden el control de si mismos. Como adicto, usted pierde la habilidad de hacer buenas elecciones. También ignora o justifica los resultados perjudiciales de sus conductas adictivas.

La mayoría de los adictos no se dan cuenta por largo tiempo que son adictos. Usted debe estar pensando lo mismo: que usted no es un adicto. Éste es uno de los mayores problemas con la adicción. Es como una prensa que se cierra muy lentamente; usted la ignora hasta que ya no hay forma de escapar.

El comportamiento adictivo se desarrolla lentamente y ésa es una de las razones por las que usted no lo ve venir. Quizá usted se haya fumado su primer pitillo de marihuana porque otros lo estaban haciendo. Quizá sólo parecía una buena idea en ese momento. Se sintió bien, de manera que lo probó otra vez. Muy pronto, comenzó a comprar su propio suministro de droga. Se hizo parte de su vida. Se aseguraba de tenerla en la escuela, en el trabajo, en las vacaciones o en los conciertos. También comenzó a vender drogas. Después de cierto tiempo, empezó a "consentir" a su adicción. Empezó a escoger a amigos a quienes también les gustaba drogarse. Creó todo un ritual alrededor de fumar. Una pipa favorita, una marca determinada de papel para armar pitillos, un clip para los pitillos en su llavero, una caja y equipo para la droga, todo eso se volvió parte del ritual. Lentamente, estos rituales se hacen tanto parte de su vida que ya ni tiene que pensar al respecto. Un día, usted se da cuenta de que la primera cosa que hace por la mañana y la última cosa que hace por la noche es encender un pitillo. Y usted pasa más y más tiempo drogándose o tratando de conseguir alcohol u otras drogas.

*"¡La **adicción** es como un ladrón en la noche! A veces toma un poco, a veces mucho, pero nunca tiene suficiente. Sigue volviendo por más hasta que se adueña de usted…de todo su ser".*

— Preso anónimo

La historia de su adicción

El primer paso hacia la honestidad y la recuperación de su adicción es admitir su historia de uso de sustancias químicas. Escriba una lista con cada tipo de droga que haya usado para sentirse eufórico o "high", tan atrás como pueda recordar. Después de escribir cada una de las drogas, escriba el año en que la usó por primera vez y el año en que la usó más recientemente.

Para algunos de ustedes será una lista larga. Si fuera necesario, complete este ejercicio en un cuaderno aparte. **Nota:** Escriba cada una de las drogas sólo una vez. No escriba cada vez que se sintió eufórico con esa droga, sólo la primera vez y la más reciente que la usó.

➤ Droga   Año de   Año de más
                               primer uso   reciente uso

Droga	Año de primer uso	Año de más reciente uso

➤ ¿Cuáles son sus drogas preferidas? Justo antes de su arresto más reciente, ¿cuánto usó de cada una de las drogas en una semana típica?

Droga	Cantidad de droga que usó por semana
1. _____	_____
2. _____	_____
3. _____	_____
4. _____	_____

➤ ¿Alguna vez tuvo dificultad en concentrarse porque estaba soñando despierto con usar alcohol u otras drogas? (marque una respuesta)

_____ Sí   _____ No

Si lo hizo, ¿con qué frecuencia ocurrió? (marque una respuesta)

Muy rara vez   A menudo   Constantemente

➤ Su consumo de alcohol u otras drogas, ¿aumentó o disminuyó con el tiempo? Si aumentó, ¿cómo? ¿En qué momento de su vida su uso fue más intenso?

_____

_____

_____

➤ Dé cinco razones por las que usar alcohol u otras drogas parecía atractivo para usted.

1. _____

_____

2. _____

_____

3. _____

_____

4. _____

_____

5. _____

_____

➤ ¿Alguna vez cambió de una droga a otra? (marque una respuesta)

_____ Sí   _____ No

¿Por qué sí o por qué no?

_____

_____

_____

➤ ¿Alguna vez se mudó a otro vecindario, ciudad o estado para escapar de las consecuencias de su uso de alcohol u otras drogas, o para "hacer un nuevo comienzo"? Explique.

_____

_____

_____

➤ ¿Escondió usted su droga favorita? En ese caso, ¿por qué y de quién? ¿Cómo protegió su suministro?

_____

_____

_____

➤ ¿Ha tenido alguna vez *lagunas mentales* o sobredosis al usar drogas o alcohol? Escriba ejemplos.

_____

_____

_____

_____

_____

_____

Laguna mental

Una *laguna mental* ocurre cuando una persona bajo la influencia del alcohol u otras drogas continúa funcionando, pero después no recuerda nada de lo que pasó. Una laguna mental no es desmayarse; es un período de tiempo en que no se puede recordar lo que pasó.

➤ Escriba cuatro ejemplos de abuso que usted haya cometido mientras estaba drogado. Los tipos de abuso son: físico, emocional, verbal y sexual.

1. _____

_____

_____

2. _____

_____

_____

3. _____

_____

_____

4. _____

_____

_____

¿Cuáles son las consecuencias de su consumo de alcohol u otras drogas?

➤ ¿ Alguna vez se sintió mal con respecto a cosas que usted hizo mientras estaba drogado? Explique.

_____

_____

_____

➤ ¿Piensa usted que su adicción está fuera de control? Escriba cinco ejemplos de cómo su adicción puede estar fuera de control. Pueden incluir querer parar pero seguir drogándose de todas formas, buscar drogas aun sabiendo que era peligroso, cometer delitos sólo porque necesitaba drogarse, y otros. Describa cada incidente y cómo parecía estar fuera de control.

1. _____

_____

_____

2. _____

_____

_____

3. _____

_____

_____

4. _____

_____

_____

5. _____

_____

_____

➤ Para usted, ¿cuáles fueron las cinco peores consecuencias de su uso de alcohol u otras drogas?

1. _____

2. _____

3. _____

4. _____

5. _____

➤ Para su familia y amigos, ¿cuáles han sido las consecuencias de su uso de alcohol u otras drogas?

1. _____

2. _____

3. _____

4. _____

5. _____

➤ ¿Alguna vez prometió o trató dejar de usar alcohol u otras drogas? Explique.

_____

_____

¿Cuál fue el tiempo más largo que estuvo sobrio desde que empezó a drogarse?

➤ ¿Cuál fue el tiempo más largo que estuvo sobrio (no usó alcohol u otras drogas) desde que empezó a drogarse?

_____

➤ ¿Por qué trató de estar sobrio?

_____

_____

➤ ¿Por qué empezó a usar nuevamente?

_____

_____

➤ ¿Ha estado antes en un tratamiento por drogas o alcohol? Escriba todos los lugares de tratamiento y si le obligaron a participar o si lo hizo por su propia voluntad. Escriba sus tratamientos en orden, desde el más reciente hasta su primer tratamiento. Aclare si completó los tratamientos.

Lugar de Tratamiento	Año	¿Le Obligaron?	¿Lo Completo?
_____	_____	_____	_____
_____	_____	_____	_____
_____	_____	_____	_____
_____	_____	_____	_____

Impotencia

Impotencia es no ser capaz de dejar de usar alcohol u otras drogas, sin importar lo mucho que trate y sin importar el resultado de su uso. Significa que su uso de drogas está fuera de control. Una vez que empieza a beber alcohol o drogarse, no quiere parar. No puede parar.

Puede no gustarle la idea de que hay una parte de su vida de la cual no tiene control. Esto es natural, porque se ha pasado la mayor parte de su vida diciéndose que tiene control de su vida y de las vidas de los demás.

Ahora es el momento de *realmente* darse una mirada rigurosa a sí mismo, sobre todo a su uso de drogas. ¿Tiene usted realmente el control? Deténgase a pensar. ¿Cómo ha tratado de parar, de reducir, de fijar límites o de cambiar los tipos de alcohol u otras drogas que usa? Quizá haya dejado de beber o de drogarse en el trabajo. O quizá se prometió a sí mismo que sólo usaría por la noche, los fines de semana o sólo con amigos, pero nunca solo. Pero, ¿qué pasó?

Piense en su preocupación con el alcohol u otras drogas y la conducta delictiva. ¿Está usted bebiendo o drogándose como forma de reducir la ansiedad en su vida?

El hecho es que usted *no* ha sido capaz de controlar su uso de alcohol y drogas. Probablemente usted se dijo a sí mismo que podía dejar en cualquier momento. Pero no lo hizo, porque no puede hacerlo —por lo menos no hasta que terminó en la cárcel. Eso es impotencia. Piense sobre eso. La preocupación y la impotencia implican planificar su día alrededor de su uso de drogas, soñar despierto sobre eso y ponerse ansioso y enojado cuando algo le impide drogarse.

Sus esfuerzos para controlar su uso de alcohol u otras drogas demuestran que su uso ya está fuera de control. ¡Si no estuviera fuera de control, no tendría que pensar al respecto!

Impotencia

Impotencia significa que usted se droga aun cuando no quiera hacerlo. Usted incluso puede decirse a sí mismo: "No te drogues. No me quiero drogar. No te drogues, te meterás en problemas". Pero *sigue* drogándose.

Inventario de la impotencia

➤ Es hora de hacer un inventario de la impotencia. Escriba ejemplos que demuestren lo impotente que era para dejar de beber y drogarse. Sea claro sobre lo que ha hecho para controlar su uso y con qué frecuencia.

EJEMPLOS: *"Yo dije que sólo iba a drogarme los fines de semana."*

"Yo dije que usaré sólo en las fiestas y con amigos, pero no solo en mi casa."

1. _____

_____

2. _____

_____

3. _____

_____

El uso no planificado puede ocurrir de varias formas. Por ejemplo, quizá usted pensaba visitar a su hijo pero ese día se drogó. Quizá no quería drogarse con sus amigos antes de ir a visitar a su abuela, pero lo hizo de todas formas. O se drogó estando en la cárcel por la presión de otros compañeros.

➤ Escriba momentos en que tuvo un uso no planificado de alcohol u otras drogas.

_____

_____

➤ Ofrezca más ejemplos de impotencia o pérdida de control del uso de alcohol y otras drogas.

1. _____

_____

2. _____

_____

3. _____

_____

Incapacidad para manejar su vida

La incapacidad para manejar su vida y la impotencia están estrechamente ligadas. La incapacidad para manejar su vida surge de la impotencia. Cuando usted no puede parar de usar alcohol u otras drogas, eso afecta todos los aspectos de su vida.

Con el tiempo, su vida se torna inmanejable. La *incapacidad para manejar su vida* significa que el alcohol o el uso de otras drogas ha convertido su vida en una locura. Su vida se vuelve un desastre. Las cosas empiezan a desmoronarse. Por ejemplo:

- Usted roba una tienda para conseguir dinero para drogas, aunque podrían arrestarlo y tendría que cumplir una condena larga en la cárcel.

- Lo echan de su casa. Le dicen que no regrese nunca más y que se aleje de sus hijos porque usted es una mala influencia.

Sus esfuerzos por controlar su consumo de alcohol u otras drogas demuestran que su adicción está ya fuera de control.

- Usted sigue conduciendo sin licencia; ha recibido tres multas por conducir bajo la influencia del alcohol o drogas y lo pondrán preso si lo agarran conduciendo.
- Usted gasta todo el dinero de su familia en drogas, a pesar de que sabe que no quedará nada para comprar la comida y pagar el alquiler.

Inventario de la incapacidad para manejar su vida

➤ Describa la primera vez que usted notó que su consumo de alcohol u otras drogas se estaba haciendo inmanejable.

_____

_____

_____

➤ Escriba otras formas en que su vida se hizo inmanejable debido a su consumo de drogas y alcohol y conducta delictiva. ¿El trabajo? ¿La salud? ¿La familia? ¿El dinero? ¿La ley?

_____

_____

_____

_____

La adicción le afecta a usted, y también, a muchas otras personas

Hasta ahora usted ha aprendido qué es la adicción. Usted ha visto lo que el alcohol y otras drogas le hacen a su cuerpo. Pero el impacto de su uso de drogas va mucho más allá de su cuerpo. Su uso de droga ha afectado a muchas personas de maneras que nunca imaginó. ¿Cómo? Imagínese un lago absolutamente tranquilo. ¿Qué pasa cuando tira una piedra en ese lago? Se irradian círculos concéntricos desde el punto donde la piedra cayó al agua. Y se alejan hasta que los pierde de vista.

En cierto modo, su uso de drogas es como una piedra que pega en el agua de las vidas a su alrededor. Los efectos de su uso se propagan lejos de usted como los círculos concéntricos en ese lago. Su uso afecta a todas las personas que conoce: su esposa o amante, hijos, padres, abuelos, hermanos y hermanas, amigos y otras personas en el vecindario, estado o país. Esto puede ser realmente difícil de creer, pero es cierto. A medida que continúe usando este manual, usted empezará el paso muy importante de observar las consecuencias perjudiciales de su uso de drogas. Y eso significa examinar cómo su uso ha afectado las vidas de toda la gente que conoció e incluso de personas que nunca conocerá.

La historia de Miguel (continuación)

Con el tiempo, yo aprendí que uno de los obstáculos más grandes para cambiar y para la recuperación era mi ego. Nuestros egos no nos dejarán admitir que no tenemos control de las personas, los lugares y las cosas. Hasta que no admití esto a mi mismo, estaba luchando una batalla perdida. Cuando el guardia gritó "A cerrar las rejas", tuve que confrontar mi impotencia. Mirar un día hermoso tras las rejas, cuando quería estar afuera, me hizo desear estar libre y pensar en mi impotencia. Negarme a admitir mi falta de control sobre la adicción me condenará a una vida de miseria. La adicción es la única guerra en la que hay que rendirse para ganar.

— Miguel, encarcelado
Participante en el programa Un Nuevo Rumbo

Las conductas adictivas perjudican a la sociedad, por ejemplo cuando un alcohólico se pone violento y ataca a una persona desconocida o lesiona a alguien en un accidente de automóvil, cuando un usuario de "crack" le roba a alguien dinero para comprar más drogas, o cuando un drogadicto VIH positivo comparte agujas con otros o tiene sexo sin protección.

Como la mayoría de los adictos, piensa que la gente no tendrá en cuenta u olvidará el daño causado por lo que usted hizo. Y usted probablemente se enojó cuando esto no sucedió así.

Sin embargo, las consecuencias pueden ser señales que indican la realidad. El mundo no comparte los pensamientos distorsionados de un adicto. Las mentiras, las promesas sin cumplir y la conducta egoísta finalmente le costarán, y le costarán muy caro.

Mientras siga diciéndose a sí mismo que no tiene un problema con el alcohol u otras drogas, usted seguirá teniendo consecuencias negativas. Después del encarcelamiento, sin embargo, llega el momento de la verdad. Usted está en el medio de un desastre. Cuando se detiene y mira los resultados de su uso de alcohol y otras drogas y su conducta delictiva, se da cuenta de cómo usted y muchas personas han sido afectados. A pesar de que es difícil enfrentar las "ruinas del pasado", como dicen en Alcohólicos Anónimos, una mirada honesta a sus consecuencias puede mejorar enormemente sus posibilidades de liberarse para siempre de las drogas y de la conducta delictiva.

Procesos de pensamiento

Cuando usted mete en su cuerpo sustancias químicas que afectan su cerebro, esas drogas también afectan su pensamiento. Cuando usted está bebiendo o usando drogas, no piensa claramente. Como resultado, usted toma decisiones nocivas e irracionales.

EJERCICIO **15** EJERCICIO

Las elecciones nocivas que se toman al consumir bebidas o drogas

➤ Piense en ejemplos de elecciones nocivas que usted hizo mientras estaba drogado (como emborracharse y romper la ventanilla de un automóvil, robar una licorería, gastar el dinero para la comida de su familia en drogas). Escríbalos a continuación.

1. _____

2. _____

3. _____

4. _____

5. _____

➤ ¿Habría hecho estas elecciones si no hubiera estado bebiendo o usando drogas? Explique por qué sí o por qué no.

_____

_____

_____

➤ ¿De qué problemas suyos le hechó la culpa a los demás?

1. _____

2. _____

3. _____

4. _____

5. _____

➤ ¿Querría que sus hijos, su hermana o hermano tomaran el mismo tipo de decisiones? Explique.

_____

_____

_____

*"**Usted** puede escoger su conducta, pero el **mundo** escoge las consecuencias".*

— Anónimo

Efectos financieros

Hay costos financieros obvios por usar alcohol u otras drogas, y también hay gastos que no son tan fáciles de ver. Usted se sorprendería de cuál ha sido el costo real de su uso de drogas.

EJERCICIO **16** EJERCICIO

Costos financieros de beber o usar drogas

➤ ¿Cuánto dinero gastó por semana en drogas o alcohol?

$ _____

Multiplique esta cantidad por 52 para calcular cuánto gastó en un año.

$ _____ x 52 = $ _____

Ahora, multiplique esa cantidad por el número de años que ha estado bebiendo o usando drogas y escriba la cantidad debajo.

$ _____ x (_____) = $ _____
número de años

➤ ¿Alguna vez fue multado por la Corte por usar alcohol o drogas? Si le multaron, ¿por cuánto fue? Sume las multas por todos sus delitos.

$ _____

➤ ¿Cuánto pagó usted por sus costos legales?

$ _____

➤ Escriba todos los artículos que perdió, destruyó, dañó o empeñó como resultado de su uso de alcohol o drogas. Estime el valor de estos artículos. Si fuera necesario, complete este ejercicio en un cuaderno.

Artículo	Valor
_____	_____
_____	_____
_____	_____
_____	_____
_____	_____
_____	_____
_____	_____
_____	

Cantidad total perdida: $_____

➤ ¿Cuánto dinero y cuántos artículos personales tiene ahora? ¿Un automóvil? ¿Un estéreo? ¿Una casa? ¿Ropa? ¿Joyas? Haga una lista a continuación.

_____	_____
_____	_____
_____	_____
_____	_____

➤ ¿Qué ha perdido usted? ¿Qué fue incautado debido a las ventas de drogas? Haga una lista a continuación.

_____

_____

_____

_____

_____

_____

_____

Considere los otros efectos que su uso de alcohol u otras drogas pueden haber tenido en su condición financiera:

- gasto excesivo
- mal crédito o falta de crédito
- falta de ahorros
- pérdida del empleo o de promociones en el trabajo
- mala administración de las finanzas del hogar
- pérdida de bienes personales (como estéreo, automóvil, televisor, VCR, etc).
- desalojo de un apartamento por no pagar el alquiler
- suspensión del servicio de teléfono o electricidad

➤ Haga un lista de otros ejemplos de cómo su uso de alcohol u otras drogas le afectó económicamente.

_____

_____

_____

_____

➤ ¿Cuánto dinero podría haber ganado, pero no lo ganó, a causa de su uso de drogas? Use $8 a la hora como una estimación baja de su salario por hora. Por ejemplo, si no hubiera estado usando drogas, usted podría haber trabajado 40 horas por semana a $8 la hora. Multiplique esto por 52 semanas. Esto equivale $16.640. Multiplicado por diez años es $166.400. Su consejero puede ayudarle con estos cálculos.

$ _____ x (_____) = $ _____
salario por hora   horas trabajadas   sueldo por semana
                   por semana

$ _____ x 52 semanas = $ _____
sueldo por semana   ingresos anuales

$ _____ x (_____) = $ _____
ingresos anuales   años de trabajo   **total posible de ingresos**

➤ ¿Cuánto ha pagado la comunidad por sus audiencias y juicios en el tribunal, y ahora por su encarcelamiento? Si usted tuviera problemas para calcularlo, pida ayuda a su consejero.

(Calcule los honorarios de los abogados a $250 por hora, y el costo de guardería a $40 por día por hijo.)

Cuánto le ha costado usted al estado por lo siguiente:

- los abogados asignados para defenderlo

$ _____

- los fiscales que procesaron su caso

$ _____

- el juez que atendió su caso

$ _____

- el costo de tenerlo encarcelado

$ _____

- los pagos del estado y del condado para cuidar de sus hijos porque usted no pudo hacerlo

$ _____

Costo total del encarcelamiento $ _____

Trabajo o profesión

El consumo de alcohol y otras drogas tiene efectos serios en su empleo y en su habilidad de conseguir trabajo.

EJERCICIO **17** EJERCICIO

Efectos de beber o usar drogas en su trabajo o profesión

➤ ¿Consideró que su "profesión" fuera vender drogas y otro tipo de conducta delictiva? (marque una respuesta)

_____ Sí _____ No

➤ ¿Qué tipos de trabajos hizo cuando no estaba encarcelado?

_____

_____

_____

➤ ¿Alguna vez tuvo un trabajo regular? (marque una respuesta)

_____ Sí _____ No

➤ ¿Qué efectos tuvo en su trabajo la bebida o el uso de drogas? (Ejemplos: despido, no tener motivación para buscar un trabajo, estar ausente o llegar tarde regularmente, hacer un trabajo deficiente y estar obligado a cambiar de trabajos)

_____

_____

➤ ¿Cuál era su fuente principal de ingresos cuando bebía o usaba drogas?

_____

_____

➤ ¿Alguna vez tuvo un gerente que le habló sobre su uso de alcohol o drogas? ¿Cuáles eran las preocupaciones de su gerente?

_____

_____

➤ ¿Cómo afectó su trabajo y su carrera su consumo de alcohol u otras drogas?

_____

_____

Educación

Cuando usted era un estudiante, su consumo de alcohol y de drogas afectó su educación. Quizá usted:

- no hacía las tareas
- faltaba a clases
- no prestaba atención en clase mientras estaba drogado
- se ausentaba a menudo
- dejaba de practicar deportes
- tenía notas bajas o deficientes
- perdió la oportunidad de ganar una beca para deportes
- fue expulsado de la escuela
- usaba alcohol u otras drogas en la escuela
- se aislaba de los demás
- no le gustaba que los maestros le dijeran lo que tenía hacer
- se sentía fuera de lugar en la escuela

EJERCICIO **18** EJERCICIO

Efectos de su adicción al alcohol u otras drogas en su educación

➤ Escriba los ejemplos de cómo su uso de alcohol u otras drogas afectó su educación.

_____

_____

_____

_____

Problemas emocionales

Dado que las drogas afectan su cerebro, su uso también
afecta sus emociones. Diferentes tipos de drogas causan
emociones distintas. Como el alcohol es un depresor, beber
causa a menudo estados bajos de ánimo y de emociones.
Los sentimientos muy exaltados son el resultado de
estimulantes como la cocaína y la metanfetamina. El uso
regular de sustancias químicas puede interferir con el
funcionamiento normal del cerebro y de las emociones.

EJERCICIO **19** EJERCICIO

Efectos de su adicción al alcohol u otras drogas en su bienestar emocional

➤ ¿Qué sentimientos experimenta cuando usa su droga
preferida?

_____

_____

➤ Sus emociones y reacciones son más o menos intensas al
drogarse? Explique.

_____

_____

➤ ¿Son diferentes ahora que no se está drogando? En ese
caso, ¿cómo? Explique.

_____

_____

➤ ¿Con qué frecuencia se dijo a sí mismo o a alguien más que "necesitaba" una bebida, marihuana u otra droga? ¿Cómo se sintió cuando dijo esto? Explique.

_____

_____

➤ Las personas usan sustancias químicas para lidiar con los sentimientos incómodos. ¿Con qué sentimientos trató de lidiar al usar drogas? ¿Miedo? ¿Soledad? ¿Enojo? ¿Rechazo? ¿No ser lo suficientemente bueno?

_____

_____

➤ ¿Cómo aumentó su uso de alcohol u otras drogas cuando estuvo bajo mucha tensión? Explique.

_____

_____

Piense cómo su uso de alcohol u otras drogas puede haberlo afectado emocionalmente:

- sentimientos de desesperanza y desesperación
- emocionalmente muerto, ningún sentimiento en absoluto (excepto, quizá, enojo o lástima de sí mismo)
- dificultad para estar cerca de otras personas o expresar sus sentimientos
- sentimientos extremos de soledad y aislamiento
- temores inexplicados

- pensamientos (o intento) de suicidio
- pensamientos o sentimientos violentos
- sentir como si tuviera dos vidas diferentes: una pública y otra secreta
- depresión, paranoia o miedo de volverse loco
- pérdida de autoestima
- actuar contra sus propios valores y creencias
- fuertes sentimientos de culpa y vergüenza
- agotamiento emocional

➤ Escriba unos ejemplos de cómo su alcohol o uso de drogas le afectaron emocionalmente.

1. ______________________________________

____

2. ______________________________________

____

3. ______________________________________

____

4. ______________________________________

____

Su consumo de alcohol u otras drogas puede haberle afectado emocionalmente.

Es ilegal fotocopiar este material. No copie este material sin el permiso escrito de la casa editorial.

Problemas familiares

La adicción afecta a las familias. Los miembros de la familia son el blanco principal del abuso o abandono por parte del adicto. A menudo los familiares no hablan entre sí. Los sentimientos son muy fuertes; con frecuencia existe mucho enojo. Todas las relaciones en la familia sufren. Piense cómo sus comportamientos han interferido en las relaciones que más significan para usted. Algunos ejemplos son: mala comunicación con la familia, tener una vida secreta, robar a su familia, mentir y manipular.

EJERCICIO **20** EJERCICIO

Efectos de su adicción al alcohol u otras drogas en su familia

➤ Haga una lista de todas las personas en su familia que han sido afectadas por su uso de alcohol u otras drogas, e indique *cómo* fueron afectadas. Recuerde, su adicción afecta el cuerpo, la mente, el espíritu, el empleo o la carrera, las finanzas y la libertad de esas personas. Si fuera necesario, complete este ejercicio en un cuaderno.

Persona:_____

Efectos: _____

_____

Persona:_____

Efectos: _____

_____

Persona:_____

Efectos: _____

_____

Persona:_____

Efectos: _____

_____

EJERCICIO 21 EJERCICIO

Efectos de su adicción al alcohol u otras drogas en las relaciones familiares

Sus relaciones con los miembros de su familia pueden ser afectados por su uso de drogas a través de su comportamiento. Esto puede incluir:

- violencia, abuso físico, verbal, emocional
- usar a los familiares emocional o financieramente
- sentimientos extremos de remordimiento o culpa
- evitar o retirarse de actividades familiares
- perder citas importantes (ir a buscar a los hijos a la escuela, médico, dentista, oficial de libertad condicional, etc).
- aumento de problemas matrimoniales o en la relación

- ser infiel a su pareja o cónyuge
- infectar a su compañero con una enfermedad transmitida sexualmente
- divorcio o ruptura con la pareja
- poner a su familia en peligro
- prostitución/proxenetismo
- fraude en los beneficios de bienestar social

▶ Haga una lista de ejemplos de cómo su uso de alcohol u otras drogas afectó sus relaciones familiares. ¿Cómo se comunicaba con su familia al estar embriagado o drogado?

1. _____

_____

2. _____

_____

3. _____

_____

4. _____

_____

5. _____

_____

¿Cómo su uso de alcohol u otras drogas afectó sus relaciones familiares.

➤ ¿Cómo manipuló a sus familiares para poder usar alcohol o drogas y no tener que enfrentar las consecuencias del uso? ¿Qué tipo de relación tiene usted ahora con esas personas?

Persona manipulada:_____

¿Qué hizo usted? _____

_____

¿Cómo se vio afectado este familiar? _____

_____

Persona manipulada:_____

¿Qué hizo usted? _____

_____

¿Cómo se vio afectado este familiar? _____

_____

Persona manipulada:_____

¿Qué hizo usted? _____

_____

¿Cómo se vio afectado este familiar? _____

_____

➤ Si usted estaba viviendo en un hogar con hijos, ¿cómo les afectó su uso de alcohol o drogas?

_____

_____

➤ Si usted no tiene hijos, ¿qué tipo de hermano, hijo o tío ha sido usted, y cómo su consumo de alcohol u otras drogas afectó a estos parientes?

_____

_____

➤ Si usted es padre, ¿qué tipo de padre ha sido usted para sus hijos? ¿Cómo los descuidó debido a su uso de drogas? ¿Cómo los involucró en la venta o uso de drogas?

_____

_____

_____

➤ Si usted es padre, ¿está orgulloso del tipo de padre que ha sido? Si no lo está, ¿por qué?

_____

_____

_____

Vida social

El uso de alcohol y otras drogas afectan otras relaciones además de las familiares. Los problemas comunes incluyen ruptura de relaciones, abuso físico y emocional, descuido y manipulación mental.

 EJERCICIO **22** EJERCICIO

¿Qué significa un amigo para usted?

➤ Describa a continuación qué significa un amigo para usted.

_____

_____

_____

_____

_____

¿De qué manera su uso de alcohol u otras drogas ha afectado sus relaciones importantes con personas que no eran sus familiares?

Usted ha:

- tratado mal a los amigos o ha perdido amigos importantes

- perdido interés en pasatiempos o actividades

- perdido amigos porque ellos no aprobaban su conducta de beber y drogarse

- se ha aislado de los amigos

- pasado tanto tiempo usando y vendiendo drogas que ya no participa en actividades sociales

➤ Explique sus pérdidas en el espacio a continuación. (Si fuera necesario, complete este ejercicio en un cuaderno aparte.)

_____

_____

_____

_____

_____

_____

_____

La espiritualidad se refiere a cómo vemos el mundo y a todo lo que está en él, y cómo vemos nuestro lugar en el mundo.

Problemas espirituales

La espiritualidad implica la forma como nos relacionamos con el mundo a nuestro alrededor. La espiritualidad o centro espiritual, como se la llama también, se refiere a cómo vemos el mundo y todo lo que está en él, y cómo vemos nuestro lugar en el mundo.

Su uso de alcohol o drogas le afectó espiritualmente, quizá de las siguiente maneras:

- no tiene ninguna guía espiritual
- siente que su vida no tiene ningún significado o propósito
- experimenta una sensación de vacío
- está solo y desconectado de todos y de todo

- pasa de creer a no creer a medida que avanza la adicción
- se pone hostil o enojado ante cualquier referencia a la religión o creencias religiosas
- se aparta de las actividades religiosas pues siente culpa
- viola su moral y sus valores, es decir, su sentido del bien y del mal
- se debilitan su moral y sus valores: lo que antes no era aceptable, ahora lo es
- se siente enojado o abandonado por Dios o por su poder superior
- siente una pérdida de fe en cualquier cosa espiritual

EJERCICIO 23 EJERCICIO

Efectos de su adicción al alcohol u otras drogas en su vida espiritual

➤ ¿Cómo le afectó espiritualmente su uso de alcohol u otras drogas?

_____

_____

_____

_____

_____

Problemas legales

Usted está en la cárcel. Es fácil ver que hay una conexión entre su estilo de vida de beber y usar drogas, y su conducta delictiva.

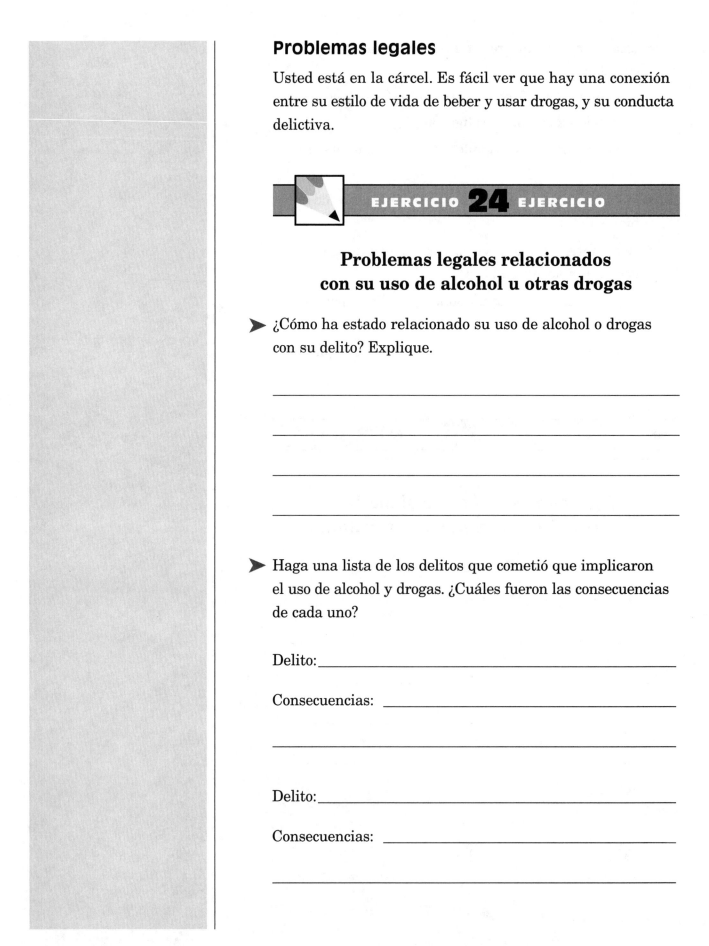

EJERCICIO 24 EJERCICIO

Problemas legales relacionados con su uso de alcohol u otras drogas

➤ ¿Cómo ha estado relacionado su uso de alcohol o drogas con su delito? Explique.

_____

_____

_____

_____

➤ Haga una lista de los delitos que cometió que implicaron el uso de alcohol y drogas. ¿Cuáles fueron las consecuencias de cada uno?

Delito:_____

Consecuencias: _____

_____

Delito:_____

Consecuencias: _____

_____

Delito:_____

Consecuencias: _____

_____

Delito:_____

Consecuencias: _____

_____

Delito:_____

Consecuencias: _____

_____

➤ Haga una lista de las conductas delictivas por las que no fue arrestado, que implicaban el uso de alcohol u otras drogas.

_____

_____

_____

_____

_____

Nota: Las leyes estatales y federales prohiben a los consejeros/terapeutas y al resto del personal en el equipo de tratamiento, compartir información confidencial de un programa de este tipo. Sin embargo, para su protección y la del personal, por favor hable sólo en forma general sobre sus delitos. Si usted no menciona horas, fechas o nombres, no se incriminará a sí mismo. Consulte con el líder de grupo o el consejero acerca de los límites de la confidencialidad.

Comunidad y cultura

Los efectos de su adicción al alcohol y las drogas van más allá de la familia y amigos. Usted vive en una comunidad más grande. Sus acciones afectan las escuelas e iglesias de su comunidad, el vecindario, la cultura, e incluso la sociedad en su totalidad.

EJERCICIO **25** EJERCICIO

Efectos de su adicción al alcohol u otras drogas en su comunidad y cultura

➤ ¿Cómo afectó a las escuelas locales su comportamiento de uso de alcohol y otras drogas? ¿Gastan fondos adicionales en medidas de seguridad y tratan de prevenir el narcotráfico en la escuela o cerca de ella?

_____

_____

_____

➤ ¿Cómo afectó a los miembros de las iglesias de la comunidad su adicción al alcohol y otras drogas? Por ejemplo, las comunidades religiosas en su zona, ¿se vieron obligadas a cuidar de niños descuidados por sus padres drogadictos? Los vecinos, ¿se sienten inseguros en sus propias casas o en sus patios, debido a que las pandillas que trafican drogas se la pasan tiroteándose entre sí?

_____

_____

_____

> ¿Cómo afectó a su gobierno local su adicción al alcohol y otras drogas? Por ejemplo, los contribuyentes pagan impuestos más altos por más protección policial, apoyo a las escuelas y programas contra el abuso doméstico.

_____

_____

> ¿Cómo afectó a la sociedad su adicción al alcohol y otras drogas? Por ejemplo, los contribuyentes pagan un precio alto para mantenerlo fuera de las calles y tras las rejas. La propiedad se desvaloriza debido a la delincuencia. A causa de los robos, las tiendas aumentan los precios para seguir operando.

_____

_____

_____

La negación y cómo lo mantiene anclado en su adicción

Una parte enorme y letal del pensamiento adictivo es la *negación*. Para el adicto y el alcohólico, la negación es la habilidad mental de negar hechos obvios, de dar vuelta la verdad; es la habilidad de mirar directamente hacia *abajo* y creer, con todos sus sentidos, que usted realmente está mirando hacia *arriba*.

Usted ha pasado mucho tiempo descubriendo y observando las consecuencias de su uso de alcohol y drogas.

Probablemente no tenía ni idea de que su uso había causado tantos problemas a tantas personas y a usted también. ¡Eso es la negación en acción! Parte de su mente bloqueó todos esos problemas para no tener que pensar al respecto y seguir bebiendo o usando drogas.

Cuando se trata del uso descontrolado de alcohol o drogas, la negación se vuelve una manera poderosa de protegerse a sí mismo de ser descubierto y de ser ayudado.

Con la negación, usted puede ver en otras personas lo que no puede ver en sí mismo. Así, puede decir algo como: "Pobre Pablo, que tonto. Sigue bebiendo hasta que pierde el sentido, le pegan y le roban todo lo que tiene". Usted puede ver lo patética que es la situación de Pablo. Lo que no puede ver es lo patética que es su propia situación. Es muy posible que su alcoholismo o drogadicción haya hecho que lo encarcelaran, y quizá más de una vez.

Su mente ha imaginado todo tipo de excusas para su uso de alcohol u otras drogas. ¿Le suenan conocidas algunas de las siguientes?

- Sólo me emborrachaba de vez en cuando.
- Nadie se perjudicó.
- Todo el mundo lo hace.
- Lo necesitaba para satisfacer mis necesidades de alguna forma.
- Puedo dejar cuando quiera.
- Soy un adulto. Puedo hacer lo que se me dé la gana.
- Mi situación es diferente.

Negación

La *negación* es la estrategia mental inconsciente que usan los drogadictos y los alcohólicos para mantenerse sin conciencia de las consecuencias nocivas de su uso. Negar algo es decir que no es verdad, que no ocurrió. Aunque los drogadictos y los alcohólicos con frecuencia mienten para obtener lo que desean, la negación no se trata de mentir. Sus mentes les están jugando una jugarreta. Sus mentes están dando excusas para su uso de alcohol y drogas, sin importar el daño que les produce a ellos y a los demás.

Usted no ha sido capaz de ver la verdad sobre su propio uso de drogas o alcohol debido a su negación. Para ver esa verdad, tendría que dejar de beber o de drogarse. Y eso es lo que su pensamiento adictivo niega: cualquier cosa que sugiera que usted necesita parar de beber o de usar drogas. Sin embargo, usted *comenzó* a ver la verdad sobre su vida cuando empezó a ver las consecuencias de su uso de alcohol y otras drogas.

EJERCICIO **26** EJERCICIO

Observando la negación

➤ Piense en las formas en que usó la negación en su vida. En el espacio a continuación, escriba las razones por las que creía, y quizá crea todavía, que no pertenece a este grupo por su comportamiento adicto y delictivo. Si fuera necesario, complete este ejercicio en un cuaderno.

1. _____

_____

2. _____

_____

3. _____

_____

4. _____

_____

Nunca nadie pensó que yo era un alcohólico hasta que finalmente me vieron sobrio.

Su responsabilidad

La adicción es una enfermedad como la diabetes o las enfermedades del corazón. En este momento usted puede estar pensado: "Bueno, yo no pedí esta enfermedad. No es mi culpa que la contraje, pero mientras la tenga, no hay mucho que pueda hacer al respecto".

Disculpe, pero no es así. Quizá sus padres fueron adictos y usted se crió en la calle. Pero aun así, usted es responsable de jugar las cartas que le repartieron. Con la adicción, como con otras enfermedades, tiene que hacerse responsable de la forma en que manejó la enfermedad y cuidó de sí mismo.

La mejor atención médica del mundo no ayudará a alguien que no esté dispuesto a seguir el tratamiento para la enfermedad. Para que se pueda recuperar de una enfermedad, usted tiene que hacerse responsable de sí mismo. Un diabético, por ejemplo, no puede esperar tener una vida larga y saludable sin tomar insulina y sin evitar los dulces. Los médicos y los terapeutas de programas para adictos no pueden curar las enfermedades por arte de magia. Usted debe hacerse responsable de su salud y de sus acciones. Como adicto, usted debe entender que a pesar de que no ser responsable de ser un adicto, *debe ser responsable de su propia recuperación.*

La adicción no está en la botella o en una píldora; está dentro de la persona.

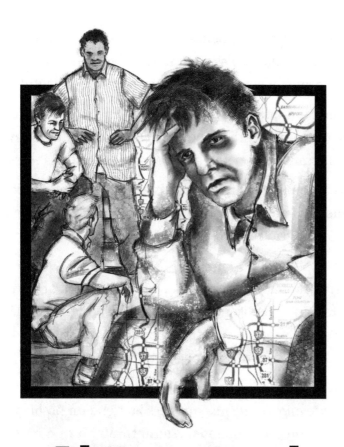

Ahora es el momento del hacer el cambio verdadero

Usted probablemente trató de cambiar, controlar o detener sus comportamientos adictivos y delictivos, pero no tuvo éxito. Eso se debió a que usted realmente no entendió que tenía un problema serio. Usted culpó a los demás por lo que le pasó. Pero las demás personas no son responsables de sus actos. ¡Sólo usted lo es!

UN NUEVO RUMBO

Programa de Tratamiento Cognitivo-Conductual

"El resentimiento es como beber veneno y esperar que otra persona muera".
— Anónimo

El problema con su adicción es su problema y de nadie más.

Hoy, usted posiblemente está confuso, angustiado, frustrado y enfadado. Eso es común. Es difícil mirarse a sí mismo y a su pasado, y ver todos los errores que ha cometido.

A medida que usted empiece a mirar más de cerca la situación en que está y lo que lo condujo allí, usted podrá sentirse también perdido y desesperado. Esto es normal.

Aunque pueda ser difícil de creer en este momento, hay buenas noticias. El primer paso para mejorar algo es entender la gravedad de su problema. Usted debe aceptar su situación.

Usted no puede empezar a resolverlo hasta admitir honestamente que tiene un problema. No más negación. Las cartas están sobre la mesa. No hay duda de que usted está en un profundo pozo y no puede salir por su cuenta.

Usted tiene que *admitir totalmente sí mismo y confesar totalmente ante los demás* que no sólo tiene un problema de drogadicción y delincuencia, sino también que ha sido impotente para dejarlo y que, como resultado, su vida se ha vuelto ingobernable.

Recuerde:

La impotencia es su comportamiento "fuera de control", es decir, su adicción.

La incapacidad para manejar su vida tiene que ver con las consecuencias de su comportamiento para usted y para los demás.

Ser honrado

Éste es un paso muy difícil de dar, pero es la base de todo el proceso de recuperación. Prepara el escenario para hacer cambios en su vida, que *no pueden* suceder a menos que reconozca su enorme *necesidad* de cambiar.

Las personas no quieren admitir la derrota o cambiar, cuando se miran a sí mismas y a sus conductas adictivas. Pero, como dijo una vez un adicto a la heroína: "La ayuda para los adictos sólo empieza cuando somos capaces de admitir la derrota completa".

A menudo, los adictos buscan una "razón" para la adicción. Quieren culpar a su matrimonio, al trabajo, al barrio, a la familia, a la policía, etc. Prefieren hacer eso antes que admitir que son ellos el problema. Otra vez, esto es negación en acción.

Si sigue buscando una respuesta a los problemas fuera de sí mismo, no podrá ver el verdadero problema. Ésta es la realidad, como lo expresó un adicto llamado Lewis: "El problema de Lewis es Lewis". Su problema con la adicción es su problema y de nadie más. Usted necesita rendirse, "admitir la derrota", para empezar la recuperación. Pero recuerde, otras personas *pueden* ayudarle a recuperarse de su adicción.

La importancia de dar el primer paso

Otra parte importante del primer paso en la recuperación es contar su historia a otros adictos. En otras palabras, su historia es acerca del cambio. Es acerca de admitir que usted ha sido impotente con su adicción y el resultado es que no puede manejar su vida.

Este primer paso no es fácil. Trae las emociones a la superficie. Una de estas emociones es el temor a lo desconocido. Usted se preguntará cómo puede vivir sin las drogas. Es muy común sentirse angustiado por esto; muchas otras personas se han sentido exactamente de la misma manera.

Dar este primer paso es absolutamente necesario. Todo lo demás sigue a ese primer paso. Este paso es la base para todo el trabajo futuro. Hasta que usted pueda crear esta base, ninguno de los otros pasos que sugerimos funcionarán.

Sí, este primer paso es difícil y doloroso. Pero deseamos volver a enfatizar que este paso es el comienzo de la recuperación. La vida se sentirá peor antes de que se sienta mejor, porque usted está eliminando su "medicamento". Las drogas y los comportamientos que usted ha estado usando para cubrir el dolor de todas sus pérdidas habrán desaparecido.

Si usted mira hacia atrás en su vida, ¿recuerda cuándo comenzó a sentir algunas de las consecuencias de su comportamiento? ¿Qué hizo entonces? ¿Volvió a usar otras drogas? Si lo hizo, ¿cuál fue el resultado?

Recuerde, parte del objetivo de este primer paso es proporcionar un lugar seguro para empezar a sentir este dolor. Está bien, incluso es necesario, permitirse experimentar todos los sentimientos que han estado encerrados en su interior. Al final, usted se sentirá mejor.

Esta historia verdadera puede ayudarle a entender mejor dónde se encuentra en este momento.

Historia de un caso

Un estudiante de la universidad estaba haciendo alpinismo en las montañas de Colorado. Él estaba en una cuesta muy empinada cuando se encontró con una sección de piedra pizarra que cedió bajo sus pies, por lo que resbaló sobre un peñasco y finalmente sobre una roca, en una caída de treinta pies. Cayó de espalda, y su mochila amortiguó un poco la caída, pero se quebró ambas piernas, varias costillas y se fracturó dos vértebras. No se podía mover. Su compañero de alpinismo no pudo llegar hasta él; tuvo que descender la montaña y caminar varias millas hasta una estación de guardabosque para pedir ayuda. El helicóptero de MedEvac tardó casi ocho horas en llegar adonde estaba la persona herida y transportarla a un hospital.

Cuando le preguntaron en que había pensado mientras estaba solo y postrado sobre la roca durante casi ocho horas, el hombre contestó: "Yo sentía un dolor insoportable, así que sólo me concentré en el dolor. Pensé que mientras mi cuerpo fuera capaz de sentir todo el daño que había sufrido, estaba bien. Sabía que cuando el dolor comenzara a desvanecerse, significaría que mi cuerpo se había dado por vencido y que me iba a morir. El dolor era la prueba para mí de que todavía tenía la posibilidad de sobrevivir".

Recuerde, no usar alcohol o drogas es sólo el principio de la recuperación. Una vez que su mente y su cuerpo estén libres de alcohol y otras drogas, es posible mirar finalmente los problemas fundamentales en su vida y comenzar a trazar un camino libre de drogas y delitos. No usar alcohol u otras drogas es la base que debe tener para iniciar un programa que produzca cambios de vida tremendos y positivos.

Pesar/Aflicción

Una vez que usted acepte que el alcohol y las drogas están prohibidas porque no puede controlar su uso, usted empezará un proceso de pesar o de aflicción. Es posible que ni siquiera sepa que está sintiendo pesar. Con el tiempo, todos pasan por este proceso cuando finalmente aceptan que hay limitaciones en sus vidas. Hay un sentimiento de pérdida cuando tiene que aceptar que existe una actividad como beber o apostar, por ejemplo, en el que otras personas pueden participar pero usted no. Sentir pesar es parte de la adicción.

Probablemente, sus sentimientos de pesar se centrarán en las cuatro áreas siguientes:

1. comprender que usted ya no puede beber alcohol o drogarse

2. la "muerte" de su vida fantasiosa de adicción y delincuencia

3. las pérdidas pasadas que experimentó como resultado de sus conductas adictivas

4. el temor de no saber quién será usted o qué hará sin estas conductas, porque esas conductas han sido como un "amigo" que le brindó alivio por muchos años

Comprendiendo que ya no puede beber alcohol o drogarse

Todos los alcohólicos y los drogadictos finalmente se dan cuenta que cuando usan alcohol y otras drogas, no son como la mayoría de las personas que conocen. No importa lo mucho que lo intenten, sencillamente no pueden controlar su uso de alcohol. El uso ocasional o moderado se vuelve rápidamente una obsesión.

La muerte de su vida relacionada con las drogas

Usted, como muchas personas, probablemente tenía y todavía tiene fantasías sobre su uso de alcohol y otras drogas. Usted puede haberse sentido muy audaz, poderoso, importante o respetado por su estilo de vida de drogadicto. Usted pensó que una vida "recta" era aburrida. Pero, con el tiempo, se enredó tanto en esas fantasías que perdió contacto con la realidad y lo encarcelaron. Al vivir en ese mundo de fantasía, usted se impidió a sí mismo ser una persona verdaderamente fuerte, importante y respetada, alguien cuya vida ayudara a otros y aportara a la sociedad. Su antigua vida tiene que morir antes de que pueda crear su nueva vida. Usted tiene que verse a sí mismo como alguien que no bebe ni usa drogas.

Temor al cambio: no saber quién será sin las drogas

Con el tiempo, toda su identidad quedó envuelta en su uso de drogas. Eso se convirtió en el centro de su vida. De cierta manera, eso definió quién era usted como persona. Usted comenzó a sentirse a gusto en esta identidad. Las drogas se convirtieron en su mejor amigo. Ahora, cuando está disgustado o ansioso, son todavía su fuente de alivio. Sin ellas, se siente perdido. Quizá, usted no conozca a nadie que no se drogue o que haya tenido éxito en dejar las drogas. Usted no sabe lo que pasará si deja las drogas, y posiblemente esté asustado. Y si lo está, probablemente no quiera admitirlo, ni siquiera a sí mismo.

Pero eso está bien. Muchas personas se sienten asustadas incluso cuando hacen cambios pequeños. Usted no es la primera persona en sentirse de esta forma. Puede superarlo. Usted es más fuerte de lo que piensa —es sólo una situación nueva para usted. Necesita tomar algunos riesgos en la recuperación, pero serán pequeños comparados con los riesgos que usted tomó durante su estilo de vida de alcohólico/drogadicto y de delito.

También puede sentirse avergonzado. Usted se siente mal por lo que está haciendo, que es incapaz de dejar, y le preocupa como manejará su vida sin drogas y sin delito.

Cuando al principio empezamos a recuperarnos de la adicción, todos los pensamientos y sentimientos que hemos guardado en nuestro interior como: vergüenza, culpa, remordimiento y pesar se desbordan, y es terriblemente doloroso por cierto tiempo. Pero ese dolor es una señal de que todavía estamos vivos. Hay esperanza para nosotros porque nuestras mentes, nuestros cuerpos y nuestro espíritu de vida no se han rendido aún. A veces, simplemente es mejor admitir el dolor e incluso enfocarse en él. Significa que usted todavía está vivo, y que el helicóptero de salvataje —su vida en recuperación— está en camino.

Rompiendo el código del delincuente

El código del delincuente. Usted lo conoce. No está escrito, pero cualquier preso puede hablar sobre eso, y la mayoría admite que lo respeta. Y usted conoce las consecuencias de violar ese código. Pero usted debe romperlo antes de que pueda mejorar. Eso es esencial para progresar en su recuperación. Sí, algunas personas pueden llamarlo un "perdedor del tratamiento" si rompe el código pero, ¿quién es el verdadero perdedor aquí?

Si usted sigue el plan en este manual, tendrá mayor probabilidad de permanecer fuera de la cárcel cuando lo liberen. Y mientras esté encarcelado, usted será una influencia positiva para los demás. Si esos tipos que lo llaman "perdedor" continúan rigiéndose por las mismas reglas que los llevó a estar tras las rejas, volverán a la "jaula" en poco tiempo. Entonces, ahora, ¿quién es el perdedor? ¿Usted o ellos?

Eso es lo que realmente está en juego aquí.

Es su vida y su elección.

Siga el código del delincuente que es muy audaz en la cárcel y usted será muy audaz en la cárcel. Es ahí donde terminará viviendo el resto de su vida.

Si el pensamiento delictivo lo pone tras las rejas, y allí es donde encierran a los delincuentes, ¿por qué seguir aferrado a él? El cambio comienza ahora y requiere práctica. Si usted espera hasta irse para practicar el cambio, será muy tarde.

Su única opción posible es vivir el "código de la responsabilidad" (hablaremos de esto muy pronto), salir de la prisión para siempre, y hacer algo con su vida para sentirse orgulloso, algo de lo que sus hijos, su esposa o su pareja, sus padres y la comunidad puedan sentirse orgullosos también.

Su compromiso con el código del delincuente

➤ ¿Cuáles son las "reglas" del código del delincuente, según las ve usted?

_____

_____

➤ Dé tres ejemplos del código del delincuente que esté usando ahora.

1. _____

2. _____

3. _____

➤ Dé tres ejemplos de cómo usted usó el código del delincuente en la última semana.

1. _____

2. _____

3. _____

➤ ¿En qué forma el código del delincuente lo perjudicó a usted y a la comunidad aquí en su grupo? (Use un cuaderno si fuera necesario.)

_____

_____

Creencias que lo mantienen conectado al código del delincuente

➤ Veamos las creencias que lo mantienen conectado al código del delincuente. Dé un ejemplo de su vida para cada uno. Por ejemplo, para el ítem 1, su creencia podría ser "Soy más viejo y más inteligente que los demás".

1. Es mi derecho estar a cargo.

   _____

2. Necesito controlar lo que otros hacen, dicen, piensan y sienten para poder dominarlos.

   _____

3. Quiero estar en el centro de las cosas.

   _____

4. Mantengo el control de cualquier forma posible.

   _____

5. Protesto que "Yo soy la víctima" cuando me piden que rinda cuentas por mis acciones.

   _____

6. Me estimula ejercer el poder.

   _____

7. Yo pienso en mí mismo de que soy un líder y busco las oportunidades para ejercer el poder a través del liderazgo.

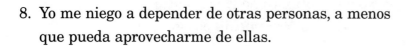

8. Yo me niego a depender de otras personas, a menos que pueda aprovecharme de ellas.

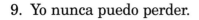

9. Yo nunca puedo perder.

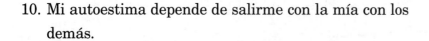

10. Mi autoestima depende de salirme con la mía con los demás.

Si el pensamiento delictivo lo trajo a la cárcel... ¿por qué aferrarse a esa forma de pensar?

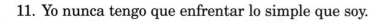

11. Yo nunca tengo que enfrentar lo simple que soy.

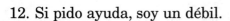

12. Si pido ayuda, soy un débil.

Debe quebrar con el código del delincuente antes de poder mejorar.

El código de la responsabilidad

El código de la responsabilidad reemplaza el código del delincuente. Guiarse por este código literalmente le salvará su vida. El código de la responsabilidad dice lo siguiente:

1.

Yo consideraré primero a los demás,
buscando lo que es mejor para ellos.

2.

No me sentiré como la víctima si yo me preocupo
sinceramente por los demás.

3.

Yo no puse a las gentes tras las rejas; se pusieron
a sí mismas tras las rejas. El encarcelamiento
podría *salvarles* la vida.

4.

Cuando yo escoja no estar solo, me juntaré
con otras personas que estén haciendo todo lo
posible para vivir en forma responsable.

5.

Yo soy responsable por lo que *sé*. Yo no escaparé,
no me esconderé ni lo mantendré en secreto,
porque entonces estoy "usando" otra vez.

6.

Yo *perjudicaré* a otras personas si me entero o las veo
dañándose a sí mismas y no hago nada.

7.

Cuando mi motivo sea *hacer todo lo que sea necesario*
para pensar y actuar en forma responsable, yo pondré
a los demás primero y me respetaré, encontrando
serenidad, honestidad y alegría interna.

8.

La vida no es un juego de ganar o perder;
todos podemos ganar.

Siguiendo el código de la responsabilidad

➤ Escriba algunos ejemplos de cómo usará el código de la responsabilidad en su vida diaria y en la recuperación.

_____

_____

_____

_____

¿A quién respeta usted y por qué?

Su estilo de vida delictivo lo ha hecho fiel a sus amigos y a sus compañeros bebedores y drogadictos. Pero piense por un momento. ¿A quién admira usted _realmente?_ ¿A qué persona respeta usted realmente?¿Es un líder de una pandilla? ¿Es alguien que es un adicto y un narcotraficante? Probablemente no. ¿Quiénes son las personas que usted respetó verdaderamente y qué hacen ellas? Tienen empleos, ¿no es cierto? Quizá sea su abuela, un trabajador social que usted conoce, un antiguo maestro o alguien que administra el centro comunitario local.

Es posible, que las personas que usted respeta vivan en el mismo entorno de donde procede usted, pero ellas están haciendo elecciones distintas. Y si les pregunta, ellas le dirán que les gustar ser quienes son y que están contentas con su vida. Y eso es algo que probablemente usted no pueda decir sobre usted mismo y su vida en este momento, ¿no cree usted?

Pero usted puede cambiar eso. Con tiempo, mucho esfuerzo y valor, usted puede ser ese tipo de persona.

Hasta ahora, usted ha sido un delincuente leal y responsable. Ahora necesita ser leal y responsable de una forma diferente para metas diferentes. Y esto *puede* hacerse.

¿Qué pensarán las demás personas?

Algo de lo que tiene que dejar de preocuparse es en lo que ciertas personas van a pensar. Ahora y en el pasado, usted se ha enfocado en qué opinión tenían las personas de usted. Usted busca aprobación de otras personas. Usted se preocupa de su imagen. Por el momento, trate de olvidarse de eso y comience a pensar lo que sus hijos pensarán de usted. O lo que sus padres pensarán de usted. Y más importante, lo que usted piensa sobre sí mismo y su vida.

La historia de Miguel (continuación)

Yo nunca supe lo que significaba realmente la "integridad". Yo no seguía una norma, sólo hacía lo que necesitaba hacer de acuerdo con las necesidades del momento. Después, en la prisión, había que seguir este código del delincuente, y nuevamente hice lo que "tenía que hacer". Para cambiar, tuve que establecer y seguir un juego de valores. Algo es correcto o incorrecto; no puede haber un valor intermedio. Tener integridad significa vivir una vida donde la diferencia entre lo correcto y lo incorrecto son claramente diferentes. Es una idea simple, pero por mucho tiempo no fue fácil de establecer.

— Miguel, encarcelado
Participante en el programa Un Nuevo Rumbo

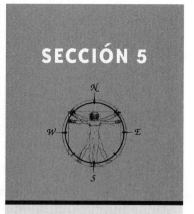
Cambio y Prevención de la Recaída

*No es lo **largo** qué es el paso lo que cuenta, pero que **lo haga**.*

Hacer cambios en la vida toma más que hacerse una promesa a sí mismo. A pesar de que es difícil, muchos adictos *han* dejado de usar. *Es* posible. De eso trata esta sección; aprender a cambiar y mantener los cambios que haga.

Para su información: el cambio lo hará sentir incómodo. Usted piensa que puede pasar suavemente hacia algo nuevo, pero no funciona así. Usted siente como que hay fuerzas opuestas dentro suyo sobre cosas como quebrar el código delictivo o hablar de sus sentimientos. Si usted no se siente incómodo, es posible que no esté haciendo lo correcto. Piense en los primeros momentos cuando usaba alcohol o drogas. Esa vida no fue fácil tampoco, especialmente al principio.

"Si nada cambia, no cambia nada.

—Earnie Larsen

Seis pasos que pueden ayudarlo a cambiar

Lea con cuidado los seis pasos para ayudarlo a cambiar, en la página 113. Usted verá que ya ha dado algunos de esos pasos. Usted se ha vuelto más **consciente** de sus problemas con el alcohol y otras drogas. Ha desarrollado un **deseo** de hacer algo con respecto a sus problemas. Ha empezado a cambiar su **actitud** sobre su uso de alcohol y otras drogas y sobre lo que necesita hacer en su vida. Luego, le ayudaremos a desarrollar las **habilidades** que necesitará para llevar una vida libre de alcohol y otras drogas, y libre de actividades delictivas. Y eso traerá un cambio en su **conducta** para mejorar.

Desarrollando un plan de prevención de la recaída

Usted ha estado haciendo este trabajo por suficiente tiempo ya para ver que la recuperación toma más tiempo, energía y compromiso emocional de lo que pensó al principio. La información y los ejercicios en esta sección pueden ayudarle a reconocer cuando esté en peligro de una recaída y aprender algunas maneras de prevenirla. Prevenir la recaída requiere hacer cambios a largo plazo que pueden ayudarlo a llevar una vida libre de beber, de usar drogas y de conductas delictivas.

Figura 3

SEIS PASOS PARA CAMBIAR

NO AUTOMÁTICO **Cada uno de los pasos requiere un esfuerzo consciente**	**QUERER**	**Paso 1: CONCIENCIA** La conciencia de sí mismo es el primer paso para cambiar lo que es. Debe aceptar sus faltas. No puede cambiar lo que es sin tener conciencia de sí mismo.
		Paso 2: DESEO Si usted no quiere cambiar, no cambiará. No se le puede obligar. Usted tiene libertad de escoger. Depende de usted; es su opción. ¡Sin deseo, no hay cambio!
		Paso 3: ACTITUD Si es consciente de sus faltas y quiere cambiar, usted mejorará automáticamente su actitud. Un cambio de actitud tiene que venir de su interior. Es su elección.
	CÓMO HACERLO	**Paso 4: HABILIDAD** La conciencia de sí mismo, el deseo y una actitud positiva no son suficientes. También debe desarrollar las habilidades y el conocimiento de *cómo cambiar*. Querer cambiar no es suficiente.
	QUÉ HACER	**Paso 5: CONDUCTA** Complete los pasos 1 a 4 y usted estará físicamente listo para hacer lo que es necesario para cambiar. Hágalo por noventa días y se convertirá en un hábito. Hágalo por un año y se volverá parte de usted.
AUTOMÁTICO	**CAMBIO**	**Paso 6: HÁBITO SUBCONSCIENTE** Una vez que un hábito entra en su subconsciente, se hace automático. Usted no tiene que pensar más al respecto. Usted ha cambiado.

Adaptado de un modelo usado por James O. Prochaska, John C., Norcross y Carlo C. DiClemente, *Changing for Good* (Nueva York: Avon Books, 1995).

Primero, examinemos más de cerca qué es lo que conduce a una recaída. Los adictos ven las recaídas como una cuestión de impulsos —como un momento de debilidad en el que usted baja sus defensas. *Esto no es verdad.*

El estrés, las estrategias para enfrentar los problemas y las habilidades para tomar decisiones, todas juegan un rol, como también lo juegan las decisiones aparentemente sin importancia (DASI). La recaída es el resultado *final* de una cadena de eventos que comienza días, semanas o incluso meses antes de que suceda. La Figura 4 muestra cómo funciona esto.

Figura 4

CICLO DE RECAÍDA DE LA CONDUCTA DELICTIVA Y DE USO DE ALCOHOL Y OTRAS DROGAS

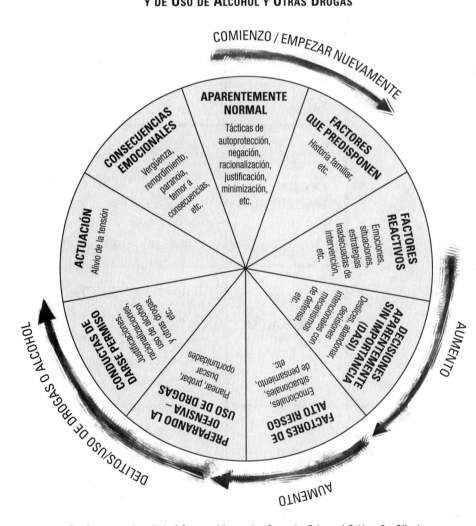

Esta figura esta adaptada de *A Structured Approach to Preventing Relapse: A Guide to Sex Offenders*, de Robert E. Freeman-Longo y William D. Pithers (Brandon, Vt.: Safer Society Press, 1992).

Con el tiempo, las personas que van hacia la recaída toman varias decisiones menores, cada una de las cuales las lleva más cerca de la situación altamente riesgosa provocante de la recaída.

A menudo, la verdadera recaída no sucede inmediatamente porque no es el momento debido. Usted primero recae "en su mente", haciendo planes en secreto o teniendo fantasías. Luego racionaliza esos pensamientos o niega que los haya tenido, o ambas cosas. Estas dos formas de pensamiento distorsionado se unen para crear una cadena de eventos que conducen a la recaída.

Las personas preparan lentamente las condiciones para una recaída tomando una serie de decisiones aparentemente sin importancia (DASI), cada una de las cuales las acerca un paso más a la recaída. Por ejemplo, un alcohólico en recuperación que compra una botella de ginebra para llevar a su casa, "por si acaso llegan invitados", está tomando una DASI. Lo mismo ocurre con un ex fumador de marihuana que accede a "guardar algo de hierba" para un amigo, "sólo para ayudarlo, no para usarla".

Cuando usted "prepara" una recaída de este tipo, eso le da una excusa para evitar la responsabilidad por la recaída. Al ponerse en una situación de muy alto riesgo, usted puede alegar que estaba "abrumado" por una situación que hizo que fuera "imposible" resistir la recaída. La realidad es que *usted* se puso en una situación de estar "abrumado". Usted es *siempre* el responsable de su conducta.

No subestime el estrés

El estrés puede ser un factor provocador de la recaída, algo que nunca debe subestimar. Considere esta escena: recientemente ha vuelto a vivir con su pareja y su hijo. En las últimas semanas, su hijo ha estado teniendo problemas en la escuela que le han estado tomando tiempo extra. Unas cuentas médicas inesperadas están haciendo que el dinero no alcance este mes. Además, su pareja está preocupada con la próxima visita de sus padres.

Como resultado, hay más tensión que la normal en su casa. Se ha estado acumulando por semanas, agobiándolo. Usted ha estado pensando más y más lo bueno que sería beberse unas cervezas o fumarse un pitillo de marihuana, como en el pasado. Usted se ha refrenado hasta ahora, con la ayuda de un padrino. Pero hoy es viernes a la noche y usted está solo en su casa. Usted sabe que la licorería entrega a domicilio y puede llamar por teléfono a sus amigos adictos a la marihuana.

Desliz y recaída

Un *desliz* ocurre cuando usted está muy cerca de beber, usar drogas o cometer delitos, pero realmente no ha "cruzado la línea". Usted se puso a sí mismo en una situación en la que se ha drogado antes, y podrá estar tentado a hacerlo nuevamente. Usted ha tomado algunas DASI que lo están llevando cerca de la recaída. Por ejemplo, un desliz mientras está preso sería juntarse con tipos que usted sabe que usan drogas todavía, o tratar de encontrar a alguien que tenga drogas o que esté usando, o simplemente pensar en usar.

Estos son algunos otros ejemplos:

- estar en la calle con amigos que venden drogas, aunque usted realmente no está vendiendo
- contar las "historias de guerra" con otros presidiarios
- no asistir regularmente a las reuniones
- reducir la cantidad de reuniones de grupo de apoyo a las que asiste
- pensar que no necesita asistir a las reuniones porque usted está "mejor" ahora
- aislarse de las personas que le están ayudando a permanecer sobrio
- ocuparse en encontrar faltas en el personal y otros presidiarios que le sirvan de excusas para drogarse
- buscar cosas negativas sobre sus reuniones

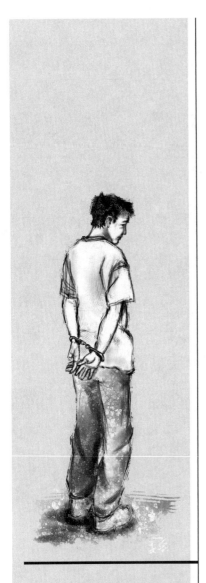

La recaída ocurre cuando usted realmente usa alcohol o drogas o participa en actividades delictivas.

La *recaída* ocurre cuando usted realmente usa alcohol o drogas o participa en actividades delictivas.

Nosotros queremos ayudarle a ser más consciente de las señales de advertencia de su desliz y su recaída; este ejercicio le puede ayudar a hacerlo.

EJERCICIO **30** EJERCICIO

Señales de advertencia de deslices y recaídas

➤ ¿Qué sería un desliz para usted? Dé tres ejemplos.

1. _____

2. _____

3. _____

➤ ¿Qué sería una recaída para usted? Dé tres ejemplos.

1. _____

2. _____

3. _____

➤ ¿Cuáles son cinco señales emocionales que demuestran que usted pueder correr el riesgo de una recaída?

1. _____

2. _____

3. _____

4. _____

5. _____

➤ ¿Cuáles son cinco señales físicas de que puede estar a punto de volver a su conducta de drogadicción o de delitos?

1. _____

2. _____

3. _____

4. _____

5. _____

➤ ¿Cuáles son cinco señales conductuales que demuestren que puede estar a punto de volver a sus conductas adictivas?

1. _____

2. _____

3. _____

4. _____

5. _____

Tarjetas de intervención

➤ Ahora que descubrió lo que le conduce a las conductas de beber o usar drogas, usted puede hacer algo para interrumpir esa cadena haciendo *tarjetas de intervención*. Primero, usted necesita algunas tarjetas tipo índice o trozos de papel del tamaño de las tarjetas.

Luego, siga estos pasos:

1. En el frente de una tarjeta, haga una lista de las conductas en una de las cadenas que completó en el ejercicio anterior. Empiece con la conducta inmediatamente anterior a su episodio de beber o usar otras drogas.

2. En el reverso de la tarjeta, escriba algunas consecuencias que correspondan a cada una de esas conductas.

Cuando termine, cada conducta en el frente de la tarjeta debería tener una consecuencia correspondiente en el reverso. Si usted tiene cuatro conductas, necesita tener cuatro consecuencias.

He aquí un ejemplo:

Conductas:	**Consecuencias:**
1. Salir con amigos pero no usar drogas.	1. Sentirme avergonzado de mí mismo. Empezar a pensar que podría controlar el uso de drogas.
2. Andar con amigos que planeaban comprar "crack".	2. Aumentar las posibilidades de que use drogas.
3. Hablar por teléfono con antiguos amigos que usan drogas.	3. Empezar a perder contacto con las personas que necesito para que me ayuden a estar sobrio.
4. Faltar a las reuniones del grupo de apoyo.	4. Tener más tiempo para estar en contacto con amigos que continúan usando drogas.
Frente	Reverso

➤ Luego, tome una segunda tarjeta o trozo de papel. En la parte delantera de ésta, escriba las acciones que podría hacer para *evitar* beber o usar drogas.

En el reverso de la tarjeta, escriba los beneficios que recibe de estas acciones.

Por ejemplo:

Conductas:	**Beneficios:**
1. Evitar andar con personas que beben o se drogan.	1. Evitar recaer en usar drogas o cometer delitos.
2. Hacerse amigos de personas que no se drogan ni cometen delitos.	2. Reducir mi estrés, ayudarme a sentirme más calmado.
3. Asistir a las reuniones del grupo de apoyo.	3. Sentirme positivo sobre mí mismo y mi recuperación.
4. Hablar regularmente con mi padrino.	4. Aumentar mis probabilidades de permanecer en libertad y no ser encarcelado nuevamente.
Frente	Reverso

Cuando haya completado un juego de tarjetas para cada cadena de conductas, guárdelas en algún lugar donde pueda mirarlas fácilmente. Tan sólo escribir estos pasos le ayudará a recordar lo que puede llevarlo a la recaída y lo que puede hacer para detener el proceso.

Cuando esté consciente de que está en una de sus cadenas de beber o usar drogas, saque las tarjetas y revíselas. Ellas le recordarán inmediatamente las consecuencia de esta conducta. También le darán una acción positiva o un pensamiento positivo para usar en su lugar. Estas tarjetas pueden ayudarle a hacer elecciones más sanas.

Si usted está participando en un grupo de apoyo de los Doce Pasos, recibirá un medallón que indica "aniversarios" importantes de sobriedad como a los tres, seis, nueve meses y al año. A muchas personas en recuperación les resulta útil llevar siempre consigo uno de sus medallones para que les recuerde su sobriedad.

Ejercicios de recaída

Los *ejercicios de recaída* pueden ser otra parte de su estrategia de prevención de la recaída. Las habilidades y estrategias específicas de prevención son más útiles que las sugerencias imprecisas de "seguir comportándose bien".

Usted puede pensar que no necesita planificar, pero sí lo necesita. Piense en los equipos profesionales de baloncesto. Ellos se pasan horas practicando jugadas especiales para usar en situaciones críticas. Cuando quedan diez segundos en un partido muy reñido, no es el momento de probar jugadas nuevas. Necesitan tener la estrategia bien aprendida para saber exactamente qué hacer.

Los ejercicios de recaída tienen el mismo objetivo, excepto que hay mucho más en juego para usted. Si los equipos de baloncesto como *Lakers, Knicks* o *76ers* pierden el juego, aún pueden jugar otro juego o por lo menos la próxima temporada. Si usted "pierde" y recae, volverá a la cárcel, y jugará a la pelota en el patio de la prisión.

Usted no necesita encontrarse de repente en una situación potencial de recaída y tener que pensar qué hacer bajo la presión del momento.

Es mejor tener un buen plan,

para saber exactamente

lo que tiene que hacer.

Ejercicios de recaída

Ciertas situaciones probablemente provocarán una recaída.
Éste es un ejemplo.

EJEMPLO:

Usted está caminado a su casa. Un narcotraficante
que usted conocía lo ve, y usted se detiene a conversar
con él. Él tiene unos gramos de cocaína y le pide
que se los guarde. Escoja los comportamientos que
necesita para salir de esa situación sin usar o vender.
¿Qué hace usted?

➤ Describa algunos comportamientos para prevenir la
recaída en este ejemplo:

_____

_____

_____

_____

Ahora piense en situaciones que podrían provocar su recaída.
(Puede revisar el ejercicio 31, Tarjetas de Intervención, para
que le ayude a hacer esos ejercicios). Pueden ser situaciones
mientras está en la cárcel y situaciones cuando esté en libertad. En los espacios de las dos páginas siguientes, describa
tres situaciones y lo que puede hacer para prevenir la recaída
en cada una de ellas. ¿Cómo puede escapar del "fuego" sin
quemarse? ¿Qué se diría a sí mismo acerca de los impulsos
y los deseos intensos de drogarse? Usted puede pedir ayuda
a su grupo de compañeros en tratamiento, a su consejero y a
su padrino.

➤ **Situación #1 de recaída potencial**

_____

_____

_____

Conductas de prevención de la recaída:

_____

_____

_____

_____

➤ **Situación #2 de recaída potencial**

_____

_____

_____

Conductas de prevención de la recaída:

_____

_____

_____

_____

Ciertas situaciones tienen más posibilidades de provocar una recaída. Piense en las situaciones que podrían provocar una recaída para usted.

Haciendo un plan de emergencia

Muchos ex presidiarios llevan consigo en todo momento una Tarjeta de Emergencia de la Sobriedad. Esto puede parecer una idea pobre, pero créanos, muchas, muchas personas la encuentran *muy* útil. La tarjeta debe tener lo siguiente:

- los números telefónicos de al menos tres personas que sean parte de su red de apoyo para la sobriedad

- tres o cuatro pasos simples que Ud. puede dar para zafarse de una situación difícil, como llamar a su grupo de apoyo para la sobriedad

- algunas frases o ideas que pueden ayudarle cuando se sienta tentado a cometer un desliz o para recordarle por que está tratando de mantenerse sobrio

➤ En el espacio a continuación, escriba la información que pondrá en su tarjeta de emergencia.

Personas de apoyo y sus números de teléfono:

1. _____

2. _____

3. _____

➤ Tres pasos simples que puede dar para zafarse de una situación difícil

1. _____

2. _____

3. _____

➤ Frases o ideas que pueden ayudarlo:

_____

_____

Busque señales de advertencia del retorno de conductas adictivas y delictivas

Éste es un momento difícil. Usted está tratando de hacer algunos cambios de vida complicados. Hay señales que le pueden decir cuándo corre el riesgo de tener conductas adictivas o delictivas. Cuando usted las note, es muy importante ponerse en contacto con su padrino u otra persona en la que pueda confiar. Debe hacerlo inmediatamente. Los siguientes son algunas señales de advertencia de conductas adictivas.

Señales emocionales

Las _señales emocionales_ incluyen: estar enojado, estresado, agobiado, con ataques de ansiedad, solitario, triste, con lástima de sí mismo y aburrido.

Revise sus respuestas a los Ejercicios 12 y 19, donde usted escribió por qué uso alcohol u otras drogas y cómo se sintió cuando lo hizo. Estas señales, en particular, pueden activar una recaída. Si está consciente de ellas cuando aparecen, puede tener tiempo para pedir ayuda.

Señales físicas

Las _señales físicas_ incluyen estar cansado, nervioso, irritable, impaciente, inquieto y excitado.

Recuerde estas 4 señales importantes: **hambriento**
enojado
solitario
agotado

Estas cuatro señales pueden ponerlo en una situación donde es más probable que recaiga. Su meta es **EVITAR** llegar al punto de estar hambriento, enojado, solitario o agotado.

Señales conductuales

Las *señales conductuales* pueden incluir:

- mentir sobre sus actividades
- no asistir al grupo o a las reuniones de los Doce Pasos
- faltar al trabajo
- hacer contacto con antiguos amigos que todavía usan drogas
- hablar mucho por teléfono con antiguos amigos que todavía usan drogas
- concentrarse sólo en lo "externo" y no en lo "interno"
- trabajar duro para cambiar su entorno, pero no a sí mismo
- deshonestidad
- criticar con enojo a los demás
- pelear

Señales psicológicas

Las *señales psicológicas* pueden incluir pensar mucho sobre beber alcohol o usar otras drogas, los lugares donde solía drogarse, etc. También puede incluir decirse a sí mismo mensajes peligrosos (lo que las personas en AA llaman "pensamiento hediondo" (*stinking thinking*). Usted usa esto para justificar el volver a beber y usar otras drogas. Algunos ejemplos de este pensamiento destructivo son:

- "Puedo volver a mis amigos drogadictos".
- "Puedo controlar las drogas ahora que me siento mejor".
- "Ahora que estoy mejor, sólo me drogaré de vez en cuando".
- "Solo beberé alcohol, porque fue el "crack" el que me atrapó".

Los pensamientos son como las piezas del dominó, todas paradas en una larga hilera. Cada pieza de dominó es un pensamiento, y cada pensamiento activa a otro, tal como una pieza de dominó empuja a la siguiente y así sucesivamente. El "pensamiento hediondo" (*stinking thinking*) sólo lleva, pensamiento tras pensamiento, a una recaída completa.

Las señales psicológicas también pueden incluir lo siguiente:

- **Grandiosidad:** pensar que usted es más importante de lo que es. Usted se coloca en el centro de todo —el "gran yo" que tiene todas las respuestas o el "pobre de mí" que está lleno de lástima por sí mismo.

- **Juzgar a los demás:** sentir que tiene el derecho de juzgar a todos los demás y hacerlo. (Los grupos AA lo llaman "hacer el inventario de la otra persona".)

- **Intolerancia:** usted quiere satisfacer todos los deseos *ahora*. Sus prioridades se confunden. Presta más atención a ideas pasajeras que a sus verdaderas necesidades.

- **Impulsividad:** usted ignora las consecuencias de su conducta. Actúa sin pensar.

- **Indecisión:** la indecisión y la impulsividad son parientes cercanos. Cuando es impulsivo, usted no considera las consecuencias de sus acciones. Cuando es indeciso, no toma *ninguna* acción. Usted exagera las cosas negativas que *podrían* ocurrir. No hace nada.

Tratando con el estrés de los "buenos" sentimientos

Las experiencias positivas también pueden activar la recaída. A través de los años, hemos visto a muchos adictos —presidiarios y no presidiarios— hablar sobre recaídas activadas cuando las cosas iban bien en sus vidas. Estas recaídas ocurrieron cuando sintieron una euforia natural y luego un impulso abrumador de sentirse más eufóricos, bebiendo alcohol o usando otras drogas. Esto puede suceder en una recepción de una boda, cuando encontraron un buen trabajo, después de aprobar su examen GED o cuando iniciaron una relación positiva con una pareja.

Entonces, necesita pensar también cómo manejará las situaciones positivas. Cuando las cosas van bien, es fácil sentirse demasiado confiado y dar por garantizada su recuperación.

Aunque esté empezando a sentirse mejor, ¡tenga cuidado!

Una vez que usted empiece a implementar los cambios a corto plazo y comience a tener control de su conducta adictiva y delictiva, comenzará a sentirse mejor. Probablemente mejor de lo que se ha sentido por mucho tiempo.

Cuando empiece a sentirse mejor sobre sí mismo y sobre su vida, puede estar tentado a dejar de hacer este trabajo. Usted puede pensar que por fin tiene el problema bajo control y que no hay que hacer nada más. Usted se siente fuerte, seguro de sí mismo. Usted podría decirse a sí mismo: "Puedo beber o usar drogas de nuevo porque, bueno, la última vez apenas estuvo un poco fuera de control. Mi cuerpo está curado ahora, de manera que puedo controlar las drogas". Hacer este tipo de cambio es como tomar una aspirina para el dolor. El dolor puede desaparecer, pero todavía necesita averiguar por qué lo sentía.

Cuando las personas se vuelven demasiado confiadas en su recuperación, generalmente pasan por este ciclo: se sienten mejor, dejan de trabajar en el problema, tienen otra crisis, quizá una recaída, y luego empiezan nuevamente el proceso de recuperación.

Figura 5
CONSECUENCIAS DE SER DEMASIADO CONFIADO

COMENZAR LA RECUPERACIÓN

SENTIRSE MEJOR

DEJAR DE TRABAJAR EN EL PROBLEMA

OTRA CRISIS O RECAIDA

Frenos para los patrones de pensamiento adictivo y delictivo

Antes de seguir leyendo, vaya a la página 47 y repase esos patrones adictivos. Escoja un patrón de pensamiento en el que caiga con frecuencia. Manténgase enfocado en él cuando lea los siguientes frenos a esos patrones de pensamiento negativo.

Freno 1:
¡Deténgase! Piense en las consecuencias inmediatas.

1. Antes de actuar, piense en las consecuencias inmediatas.

2. Pregunte: "¿Qué me mete en problemas?".

3. Piense: "Fumar un cigarrillo de marihuana es igual a encarcelamiento".

4. Recuerde: si algo puede salir mal, saldrá mal.

Freno 2:

Deténgase y piense: ¿Quién se perjudica? Proceso de razonamiento.

1. Piense acerca de todos los problemas que le han creado las acciones similares.

2. Esta vez, use los sentimientos malos para cambiarse a sí mismo.

3. Piense sobre el panorama completo o sobre el efecto de círculos concéntricos en el agua.

Freno 3:

Planee y piense con anticipación, y busque otra opción.

1. Use este freno cuando recuerde acciones excitantes del pasado y quiera más de ellas. ¡Considere el pasado como si fuera veneno!

2. Trate de predecir con qué persona, en qué lugar y bajo qué circunstancias usted podría meterse en problemas. Haga una lista por anticipado de sus pensamientos y actos pasados que son como veneno.

3. Evite personas y lugares problemáticos, y busque otra opción.

Freno 4:
Examen de conciencia
(Haga un inventario moral diario.)

1. Piense no sobre el delito en sí, sino que *eso está mal.*

2. Piense en el sufrimiento que causó a otras personas.

3. Examine su conciencia inmediatamente cuando empiece a pensar sobre conductas irresponsables o delictivas.

4. Un inventario moral diario es una herramienta *preventiva.*

Freno 5:
No se detenga en los pensamientos adictivos y delictivos.

1. Use patrones de pensamiento responsable para reemplazar los patrones antiguos.

2. Antes de actuar, use y practique patrones de pensamiento responsable.

3. Aleje rápidamente los pensamientos irresponsables.

*"No se trata simplemente de salir en libertad, se trata de **permanecer** afuera".*

— Anónimo

**UN NUEVO
RUMBO**

*Programa de Tratamiento
Cognitivo-Conductual*

Comenzando la transición al cambio y la recuperación de por vida

A esta fase de recuperación la llamamos *transición* debido a que la transición es el objetivo de los pasos que está a punto de dar. Estos pasos le ayudarán a pasar de medidas temporales y a corto plazo, a cambios para la recuperación a largo plazo.

Es un viaje que dura toda la vida

El objetivo de los pasos que está dando es ayudarle a hace los cambios que apoyen su recuperación a largo plazo. A este punto del proceso, la gente debatiéndose con sus comportamientos adictivos, con frecuencia ven sus vidas en extremos de todo o nada. Usted puede verse en recuperación o no en recuperación, triunfando o fallando en sus esfuerzos de lidiar con sus comportamientos compulsivos o adictivos.

Una de las lecciones más importantes que puede aprender es que la recuperación es un proceso, no un acontecimiento. La recuperación es un proceso lento y continuo de cambio, descubrimiento y crecimiento personal.

La recuperación es un proceso,
no un acontecimiento.

La historia de Miguel (continuación)

A medida que me metí más en la recuperación, seguí queriendo acelerar el proceso. Yo quería resultados inmediatos, pero mi consejero me ayudó a ver que los resultados son difíciles de reconocer al principio. Yo comprendí que mi falta de paciencia era un pensamiento adictivo: querer lo que quiero cuando lo quiera. Pero incluso eso nunca sucedió realmente. Una vez que me metí en la delincuencia, tuve que esperar mucho. Esperar al "hombre de la droga". Esperar todo el día en el tribunal para una audiencia de dos minutos. Esperar que los guardias abrieran nuestras celdas. Esperar en línea para comer, para ir al dispensario y para ir a la junta de libertad condicional.

En la recuperación, aprendí a deshacer muchos años de estilos negativos de vida. No se puede acelerar el proceso. Es un paso a la vez, un día a la vez. Yo sabía cómo esperar, pero ahora, estoy esperando algo y trabajando en algo que verdaderamente vale la pena.

— Miguel, encarcelado
Participante en el programa Un Nuevo Rumbo

En este momento, usted descubrirá que tiene que hacer mucho más que manejar la crisis si quiere parar de beber y usar otras drogas.

En esta fase, es común sentir más estrés, preocupación y cansancio. No es raro que en esta fase usted se sienta más deprimido y angustiado. Cuando esto ocurre, es fácil volver a caer en antiguas conductas. Puede que no sepa qué hacer con estos sentimientos, así que querrá volver a antiguos hábitos, como: beber alcohol o usar otras drogas, y cometer delitos. Esta reacción puede volverse un círculo vicioso: (1) ocurre una crisis, le que lo lleva a hacer algunos cambios para controlar su conducta; (2) usted se siente mejor; luego (3) usted empieza a sentirse peor otra vez y vuelve al uso de drogas y al delito.

Ampliando el círculo de las personas que pueden ayudarlo

Existen formas de cambiar a una vida positiva, feliz y con sobriedad. Los pasos siguientes pueden ayudarle a construir una nueva vida en la recuperación. Como ha visto, éste es un viaje de por vida. Es algo que a menudo requiere intervenciones, como orientación, apoyo de grupos y guía espiritual. También lleva tiempo. Sea paciente. Recuerde que le tomó cierto tiempo estar en la situación en la que se encuentra. También le llevará cierto tiempo y esfuerzo para que ocurra el cambio.

Recalcamos antes en este manual la importancia de encontrar un padrino —una persona en la que puede confiar en todo momento. Esperamos que usted tenga ahora una persona así en su vida. Ahora, en este nivel, es el momento de ampliar el círculo de personas que le pueden ayudar. Usted necesita encontrar otras personas en las que pueda confiar en todo momento, que conozcan su progreso, sus recaídas y lo que pasa con usted en forma regular, incluso diariamente. Si tiene acceso a un consejero de adictos en este momento en la cárcel, hable con esta persona y consiga ayuda.

"Yo soy una persona solitaria que necesita de la gente".
— Anónimo

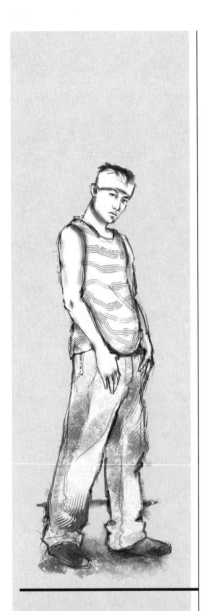

Uno de los secretos para romper con su relación con la adicción y su conducta delictiva es estar con personas que no consumen alcohol o drogas ni cometen delitos.

Haciendo conexiones sociales — Amigos sobrios

Una de las herramientas para romper su vínculo con la adicción y la conducta delictiva es sencillamente estar con personas que no se drogan ni cometen delitos. Desarrollar un apoyo social positivo es tan importante y eficaz para su recuperación como encontrar un consejero que lo ayude. Su consejero puede ayudarle a identificar a personas que están presas, que le pueden dar consejos para hacer conexiones sociales seguras después de que le pongan en libertad.

Involucrando a familiares y amigos

Es posible que su familia nunca haya sido una influencia positiva en su vida. Aun cuando eso sea verdad, quizá haya alguien en su familia —su abuela, una tía o un tío— que esté llevando una vida honrada y libre de drogas. Estos parientes pueden ayudarle a apartarse del alcohol u otras drogas y del delito, también.

Desarrollo espiritual

El crecimiento y desarrollo espiritual es una cuestión personal. Seguir su lado espiritual puede implicar pertenecer a una organización religiosa; seguir las enseñanzas del budismo u otras tradiciones espirituales; hacer yoga, *tai chi,* meditación o ejercicios de relajación, para mencionar algunas posibilidades. Tener a alguien como guía espiritual puede ser muy útil. Formar parte de una comunidad espiritual con la que se pueda identificar es otra opción. Su crecimiento espiritual puede volverse una parte importante de su recuperación. Muchas personas creen que la recuperación sólo puede ocurrir con una base espiritual fuerte.

Probablemente, en estos momentos usted tenga sentimientos de desesperanza acerca de su adicción. Usted ve que es impotente ante esta enfermedad. Su vida ha estado fuera de control e inmanejable. ¿Qué hace usted?

Usted puede hacer lo que literalmente millones de personas han hecho en la misma situación: creyeron en un poder exterior y superior a ellas. Y tomaron una decisión de pedir ayuda a ese poder más alto y a otras personas que entienden la adicción. Ese poder tiene muchos nombres: Alá, Dios, Gran Espíritu, Tao, Jehová, por ejemplo.

Pero el nombre no es importante. Lo importante es que usted crea en algún poder exterior —un poder superior a usted—, que le puede ayudar a superar su adicción, que le puede ayudar a parar de hacer las cosas por su cuenta y a depender de la ayuda de otras personas. Quizá esto le suene extraño, pero piénselo —usted ha creído en muchos poderes superiores a usted en su estilo antiguo de vida, como por ejemplo: dinero, poder, fama, drogas, alcohol, para mencionar sólo algunos.

¿Cómo puede ese tipo de creencia ayudarle a superar la adicción? ¿Por qué debe creer esto? Éstas son buenas preguntas. Tan buenas, de hecho, que millones de personas en recuperación se las han hecho también. ¿Por qué creen? Porque han visto los cambios en otros que creyeron en un poder superior. Hable con su padrino, su líder de grupo o un compañero con más antigüedad en el programa. Pregúnteles. Y escuche lo que le dicen.

La adicción es una enfermedad solitaria. Usted se ha vuelto muy aislado y desconfiado como adicto. Es difícil para usted creer que otros le ayudarán realmente. Pero si usted les permite que le ayuden, encontrará la aceptación y el apoyo que le dará esperanza. Usted se dará cuenta de que no tiene que hacer esto solo. El desastre que la adicción y el delito trajeron a su vida, viene de ser egoísta. Usted piensa que lo sabe todo y que está a cargo de su vida. Pero mire dónde está usted ahora como resultado: preso. Nada será mejor mientras siga tratando de controlarse a sí mismo y a los demás.

Pruebe algo diferente. Tomar la decisión de pedir la ayuda de un poder superior y de otras personas que entienden la adicción es el paso que necesita dar para hacer ese cambio. Si sigue convencido de que usted tiene todas las respuestas, no tiene la oportunidad de empezar este camino espiritual. Por sobre todo, usted necesita librarse de su egoísmo. Si no lo hace, su egoísmo lo matará.

Ahora es el momento de llevar una vida basada en principios espirituales. Para hacerlo, debe dejar el control y seguir la guía de un poder superior y de otras personas que entienden la adicción.

Puede parecer difícil de creer que algo externo realmente se preocupe de usted. Muchas personas antes que usted también se sintieron de esta manera. Pero ellas descubrieron que esto era verdad. Puede ser que no siempre consiga lo que quiera, pero *siempre* conseguirá lo que necesita.

EJERCICIO **34** EJERCICIO

Explorando la idea de un poder superior

➤ Mi poder superior es: (marque los que se apliquen en su caso)

___ honrado	___ compasivo
___ amoroso	___ juguetón
___ fuerte	___ comprensivo
___ vengativo	___ solitario
___ inteligente	___ trabaja en exceso
___ justo	___ jubiloso
___ libre	___ rígido
___ apático	___ cariñoso
___ aburrido	___ muerto
___ sabio	___ perfecto
___ pacífico	___ distante

___ sin emociones	___ preocupado
___ misericordioso	___ resentido
___ enojado	___ perdido
___ triste	___ comprometido
___ poderoso	___ interesado
___ responsable	___ vivo
___ sensible	___ severo
___ ruidoso	___ suave
___ cerrado	___ estúpido
___ decepcionado	___ separado
___ impotente	___ silencioso

➤ ¿Qué afirmación lo describe mejor a usted y a su poder superior?

___ Yo soy mi poder superior.

___ Soy uno solo con mi poder superior.

___ Soy una parte de mi poder superior.

___ Estoy enojado con mi poder superior.

___ Soy un hijo de mi poder superior.

___ Soy un sirviente de mi poder superior.

___ Soy un huésped de mi poder superior.

___ Soy un turista en el universo de mi poder superior.

___ Estoy separado de mi poder superior.

___ Estoy divorciado de mi poder superior.

___ Estoy buscando a mi poder superior.

➤ ¿Qué roles tiene hoy en su vida su poder superior?
(marque los que se apliquen en su caso)

____ juez	____ titiritero
____ guía/camino	____ arquitecto
____ amigo	____ perseguidor/asesino a sueldo
____ amante	
____ padre/abuelo	____ auditor/contador
____ madre/abuela	____ batería/generador/fuerza
____ consejero	____ salvador
____ gobernante/rey	____ jefe
____ crítico	____ policía
____ mentor	____ mago
____ hermano/hermana	____ tabernero/farmacéutico
____ médico/curador	____ maestro
____ compañero de barajas	____ Santa Claus
____ mecánico	____ forastero

➤ Si tuviera que hacer las siguientes preguntas a su poder
superior, ¿cómo le respondería su poder superior?

¿Por qué soy drogadicto?

_____

_____

_____

_____

¿Cómo puedo recuperarme de mi drogadicción?

_____

_____

_____

_____

¿Cuál es el propósito de mi vida?

_____

_____

_____

_____

➤ Si su poder superior pudiera cambiarlo a usted de alguna forma, ¿qué cambios haría su poder superior?

_____

_____

_____

_____

_____

¿Qué pensamientos pasan por su cabeza cuando alguien lo confronta?

Valores positivos

Usted, como adicto y delincuente, actuó basado en sus sentimientos. Para tomar decisiones positivas, usted necesita desarrollar un sistema responsable de valores y evitar actuar solamente guiado por sus sentimientos.

¿Qué son los valores? Los *valores* son las creencias con que la personas viven y de las que dependen para tomar decisiones. Los valores se desarrollan durante la infancia y actúan como una guía para vivir. Cuando somos adultos, a veces, descubrimos que algunos valores negativos que aprendimos de niños ya no son útiles. Quizá, usted aprendió, por ejemplo, que está bien robar para conseguir lo que quiere. La deshonestidad no es un valor positivo y puede cambiarse. Usted no es un cautivo impotente de su ambiente de la infancia. Usted sí tiene el poder para cambiar sus valores.

Ejemplos de valores positivos	Ejemplos de valores negativos
honestidad	egoísmo
moralidad	pereza
lealtad	robar
amor a la familia	deshonestidad
confianza	violencia
respeto a sí mismo y a los demás	falta de respeto a sí mismo y a los demás

EJERCICIO **35** EJERCICIO

Valores positivos

➤ ¿Qué persona en su vida le dio valores positivos para guiarlo?

_____

_____

➤ ¿Cuáles fueron esos valores?

_____

_____

_____

➤ ¿Cuándo se alejó de esos valores?

_____

_____

_____

➤ ¿Cuáles fueron sus valores cuando estaba bebiendo alcohol
u usando otras drogas y cometiendo delitos?

_____

_____

_____

➤ ¿Cree usted que está mal cometer un delito? ¿Por qué?

_____

_____

_____

➤ Con la recuperación viene la necesidad de una reevaluación de sus valores. ¿Con qué valores piensa usted vivir en su recuperación?

_____

_____

_____

_____

La historia de Miguel (continuación)

Ahora sé que llevar una vida de recuperación es mucho más que simplemente no beber o no drogarse. Yo tuve que cambiar mi forma de hacer las cosas. Tuve que cambiar la forma en que trataba a otras personas. También sé que la vida puede ser mejor o peor, dependiendo de cómo escoja vivirla de ahora en adelante. El sólo hecho de no drogarse no cambiará su vida. Ése es el primer paso, seguro, pero la verdadera llave para la recuperación es convertirse en el tipo de persona que tiene autorrespeto, que es honrada y que le importa lo que les sucede a los demás. Usted no puede sólo dejar de beber o drogarse. Usted también tiene que limpiar su vida.

Conseguí mi libertad hace seis meses. Me inscribí en unas clases técnicas vocacionales y tengo un buen trabajo esperándome. Las cosas parecen estar mejor ahora. Todo lo que puedo hacer es vivir la vida un día a la vez.

— Miguel, encarcelado
Participante en el programa Un Nuevo Rumbo

Nota Final

A pesar de que la recuperación puede parecer una tarea difícil e interminable, le animamos a que empiece a pensar de otra manera sobre estos cambios. Si usted piensa en la recuperación como si fuera una carga, no funcionará.

Véala como una oportunidad increíble. Eso es exactamente lo que es. Una vez que empiece a cambiar y acepte el apoyo que los demás le están ofreciendo, verá que amara tanto su nueva vida que no querrá dejarla. Sí, nosotros sabemos que eso es difícil de creer, pero ocurre. Con mucha frecuencia.

Gradualmente, estar en equilibrio ya no le parecerá algo que usted *tiene* que hacer, sino algo que *quiere* hacer. Usted empezará verdaderamente a valorar lo que ha encontrado. Este nuevo cuidado de sí mismo y el orgullo que produce, crearán un nuevo sentimiento de ser capaz de hacer las cosas, de seguridad en sí mismo, de autoestima, de orgullo y respeto.

Aun cuando usted no haya empezado a experimentar estos sentimientos, es importante que sepa que existe esta situación. Al hacer el trabajo, usted puede llegar allí. No es una fantasía o una ilusión. Usted puede alcanzar un punto donde *querrá* estar en recuperación. Su pasión y excitación por la recuperación pueden ser tan fuertes como una vez lo fue su pasión por beber o usar drogas y cometer actos delictivos.

La información, sugerencias y guías que le hemos proporcionado pueden iniciarlo en el camino de la recuperación. Usted *puede* recuperarse. Usted *puede* crear mejores relaciones y vivir una vida más rica y estimulante. Pídale fortaleza, apoyo y estímulo a otras personas. Se le dará todo lo que necesite.

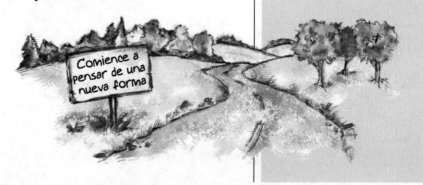

Comience a pensar de una nueva forma

Los Doce Pasos de Alcohólicos Anónimos

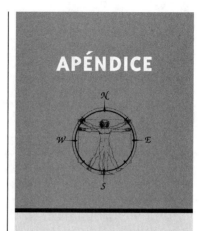

1. Admitimos que éramos impotentes frente al alcohol, que nuestras vidas se habían vuelto inmanejables.

2. Llegamos a creer que un Poder superior a nosotros podría devolvernos el sano juicio.

3. Decidimos poner nuestras voluntades y nuestras vidas al cuidado de Dios, *como nosotros lo concebimos a Él.*

4. Hicimos, sin temor, un minucioso inventario moral de nosotros mismos.

5. Admitimos ante Dios, ante nosotros mismos y ante otro ser humano, la naturaleza exacta de nuestros errores.

6. Estuvimos enteramente dispuestos a dejar que Dios nos liberase de todos estos defectos de carácter.

7. Humildemente le pedimos que nos liberase de nuestros defectos.

8. Hicimos una lista de todas aquellas personas a quienes habíamos ofendido, y estuvimos dispuestos a reparar el daño que les causamos.

9. Reparamos directamente el daño causado a cuantos nos fue posible, excepto cuando el hacerlo implicaba perjuicio para ellos o para otros.

10. Continuamos haciendo nuestro inventario personal y, cuando nos equivocábamos, lo admitíamos inmediatamente

11. Buscamos a través de la oración y la meditación mejorar nuestro contacto consciente con Dios, *como nosotros lo concebimos a Él,* pidiéndole solamente que nos dejase conocer su voluntad para con nosotros y nos diese fortaleza para cumplirla.

12. Habiendo obtenido un despertar espiritual como resultado de estos pasos, tratamos de llevar este mensaje a los alcohólicos, y de practicar estos principios en todos nuestros asuntos.

Los Doce Pasos de AA fueron tomados de *Alcohólicos Anónimos,* Versión en español, Tercera edición, páginas 55 y 56, de AA World Services, Inc.

UN NUEVO RUMBO

Programa de Tratamiento Cognitivo-Conductual

Los Doce Pasos de Alcohólicos Anónimos   147

Los Doce Pasos de Narcóticos Anónimos   148

La alternativa de los Doce Pasos   149

13 Plumas (13 Feathers)   150

SOS   152

Los Doce Pasos de los indígenas americanos Caminando el Sendero Rojo (Walking the Red Road)   153

Los Doce Pasos de Alcohólicos Anónimos adaptados para adictos sexuales   154

SMART Recovery®   155

Grupos asociados para la recuperación   156

Créditos   157

Los Doce Pasos de Narcóticos Anónimos

1. Admitimos que éramos impotentes frente a nuestra adicción, que nuestras vidas se habían vuelto inmanejables.

2. Llegamos a creer que un Poder superior a nosotros mismos podría devolvernos el sano juicio.

3. Decidimos poner nuestras voluntades y nuestras vidas al cuidado de Dios, *como nosotros lo concebimos a Él.*

4. Hicimos, sin temor, un minucioso inventario moral de nosotros mismos.

5. Admitimos ante Dios, ante nosotros mismos y ante otro ser humano, la naturaleza exacta de nuestros errores.

6. Estuvimos enteramente dispuestos a dejar que Dios nos liberase de todos estos defectos de carácter.

7. Humildemente le pedimos que nos liberase de nuestros defectos.

8. Hicimos una lista de todas aquellas personas a quienes habíamos ofendido, y estuvimos dispuestos a reparar el daño que les causamos.

9. Reparamos directamente el daño causado a cuantos nos fue posible, excepto cuando el hacerlo implicaba perjuicio para ellos o para otros.

10. Continuamos haciendo nuestro inventario personal, y cuando nos equivocábamos lo admitíamos inmediatamente.

11. Buscamos a través de la oración y la meditación mejorar nuestro contacto consciente con Dios, *como nosotros lo concebimos a Él,* pidiéndole solamente que nos dejase conocer su voluntad para con nosotros y nos diese fortaleza para cumplirla.

12. Habiendo obtenido un despertar espiritual como resultado de estos pasos, tratamos de llevar este mensaje a los adictos, y de practicar estos principios en todos nuestros asuntos.

Los Doce Pasos de NA fueron tomados de *Narcóticos Anónimos,* Versión en español, Quinta edición, páginas 20 y 21, de NA World Services, Inc. Impreso con permiso de NA World Services.

La alternativa de los Doce Pasos

1. Aceptamos el hecho de que nuestros esfuerzos para dejar de usar alcohol o drogas han fracasado.

2. Creemos que debemos buscar ayuda en otra parte.

3. Buscamos ayuda en otros hombres y mujeres, particularmente en aquellos que han luchado contra el mismo problema.

4. Hemos hecho una lista de las situaciones en las que muy probablemente usaríamos alcohol u otras drogas que alteran el carácter.

5. Pedimos a nuestros amigos que nos ayuden a evitar esas situaciones.

6. Estamos dispuestos a aceptar la ayuda que nos dan.

7. Esperamos seriamente que nos ayudarán.

8. Hicimos una lista de todas las personas a quienes perjudicamos, y a quienes esperamos reparar el daño hecho.

9. Haremos todo lo que podamos para reparar los daños causados a otras personas, de forma que no les cause más perjuicio.

10. Continuaremos haciendo ese tipo de listas y las cambiaremos como sea necesario.

11. Agradecemos lo que nuestros amigos hicieron y están haciendo para ayudarnos.

12. Estamos listos, también, para ayudar a otras personas que puedan llegar a nosotros de la misma forma.

13 Plumas

Pluma 1 Soy un indígena americano. Soy un ser humano. Yo escogí no seguir las instrucciones del corazón de mi espíritu, por consiguiente ahora soy un drogadicto.

Pluma 2 Me doy cuenta de que debo regresar al círculo de mi pueblo, para aprender el batir de nuestro tambor y pedir al Gran Espíritu que restaure mi unidad con ese círculo de mi pueblo y cultura, que un día pueda nuevamente caminar con dignidad entre mi gente. ¡Oh, Gran Espíritu, escucha mi tambor!

Pluma 3 Me doy cuenta de que yo soy mi tambor y que debo mirar en mi interior para encontrar a esa persona poderosa que resuelva todos mis problemas.

Pluma 4 Buscaré como un guerrero para encontrar mi centro, sin miedo y valientemente.

Pluma 5 Abuelo, me paro ante ti. Ofendí a mi gente, a mi familia y a nuestras tradiciones. Ten piedad de mí, Gran Espíritu.

Pluma 6 Gran Espíritu, vengo ante ti humildemente. Tú conoces lo que está escrito en mi corazón. Ayúdame.

Pluma 7 Gran Espíritu, te pido que tengas misericordia y piedad y que me des la fuerza para luchar contra mi peor enemigo, yo mismo.

Pluma 8 Gran Espíritu, me he deshonrado a mí mismo y he ofendido a mi familia, a mi pueblo y a nuestras orgullosas tradiciones. Oh, Gran Espíritu, estoy humildemente ante ti con los brazos abiertos. Gran Espíritu, escúchame.

Pluma 9 Ten piedad de mí, Gran Espíritu, y concédeme la fuerza que necesito para confesar a mi familia que he traído deshonra sobre ellos.

Pluma 10   Abuelo Gran Espíritu, te pido que me concedas la sabiduría y el valor que necesitaré para seguir aprendiendo más sobre mí mismo, y para seguir luchando conmigo mismo, para que pueda superar la drogadicción.

Pluma 11   Oh, Gran Espíritu, me paro ante ti en este círculo de la vida. Estoy luchando aquí en la Madre Tierra. Escucha mi corazón y concédeme que pueda lograr conocerme a mí mismo, para poder ser otra vez un ser humano entre mi gente. Escucha mi corazón, Abuelo.

Pluma 12   Debo retornar a nuestras tradiciones, la pipa sagrada, la sauna sagrada (*sweat lodge*), el tambor y nuestra gente para poder caminar otra vez entre ellos con dignidad y orgullo, y transitar nuevamente el Sendero Rojo. Escúchame, Abuelo. He encontrado mis flechas internas.

Pluma 13   Antes de que me liberen de esta Casa de Hierro, iré a la sauna sagrada y sudaré mi último día en esta Casa de Hierro. Cuando salga de la sauna sagrada, reclamaré mi espíritu y diré: "VEN, REGRESEMOS AL HOGAR".

SOS

SOS es una red autónoma y no profesional de grupos locales sin fines de lucro, dedicados solamente a ayudar a las personas a lograr y mantener la sobriedad. Hay grupos que se reúnen regularmente en muchas ciudades por todo Estados Unidos de América.

Pautas sugeridas para la sobriedad:

1. Para romper el ciclo de la negación y lograr la sobriedad, primero reconocemos que somos alcohólicos o drogadictos.

2. Reafirmamos esta verdad diariamente y aceptar sin reservas el hecho de que, como individuos sobrios y libres de drogas, no podemos beber ni usar drogas, de ninguna manera.

3. Dado que beber o usar drogas no es una elección para nosotros, damos los pasos que sean necesarios para continuar haciendo que nuestra sobriedad sea prioridad el resto de nuestras vidas.

4. Se puede alcanzar una calidad de vida o la "buena vida". Sin embargo, la vida también está llena de incertidumbres. Por consiguiente, no bebemos ni usamos drogas, sin importar los sentimientos, circunstancias o conflictos.

5. Compartimos en confianza nuestros pensamientos y sentimientos con los demás, como individuos sobrios y sanos.

6. La sobriedad tiene prioridad, y cada uno de nosotros es responsable de nuestras vidas y de nuestra sobriedad.

Traducción impresa con permiso de Secular Organizations for Sobriety/Save Our Selves (SOS).

Los Doce Pasos de los indígenas americanos Caminando el Sendero Rojo

1. Admitimos que éramos impotentes ante el alcohol, que habíamos perdido el control de nuestras vidas.

2. Comenzamos a creer que un poder superior a nosotros podría ayudarnos a recobrar el control.

3. Tomamos una decisión de pedir ayuda a un poder superior y a otras personas que entienden el problema.

4. Nos detuvimos a pensar sobre nuestras fortalezas y nuestras debilidades, y pensamos en nosotros mismos.

5. Admitimos ante el Gran Espíritu, ante nosotros mismos y ante otra persona las cosas que pensamos que estaban mal en nosotros mismos.

6. Estamos listos para cambiar, con la ayuda del Gran Espíritu.

7. Rogamos humildemente a un poder superior y a nuestros amigos que nos ayuden a cambiar.

8. Hicimos una lista de las personas que herimos con nuestro hábito de beber y a quienes deseamos reparar estas heridas.

9. Estamos reparando los daños a esas personas cada vez que podamos, excepto cuando el hacerlo les causaría más daño.

10. Continuamos pensando en nuestras fortalezas y debilidades, y cuando nos equivocamos, lo decimos.

11. Oramos y pensamos acerca de nosotros mismos, orando sólo para ser fuertes para hacer lo que es correcto.

12. Tratamos de ayudar a otros alcohólicos y de practicar estos principios en todo lo que hacemos.

Los Doce Pasos de Alcohólicos Anónimos adaptados para adictos sexuales

1. Admitimos que éramos impotentes ante nuestra adicción sexual, que nuestras vidas se habían vuelto inmanejables.

2. Llegamos a creer que un poder superior a nosotros podría devolvernos el sano juicio.

3. Decidimos poner nuestras voluntades y nuestras vidas al cuidado de Dios, *como nosotros lo concebimos a Él.*

4. Hicimos, sin temor, un minucioso inventario moral de nosotros mismos.

5. Admitimos ante Dios, ante nosotros mismos y ante otro ser humano, la naturaleza exacta de nuestros errores.

6. Estuvimos enteramente dispuestos a dejar que Dios nos liberase de todos estos defectos de carácter.

7. Humildemente le pedimos que nos liberase de nuestros defectos.

8. Hicimos una lista de todas aquellas personas a quienes habíamos perjudicado, y estuvimos dispuestos a reparar el daño que les causamos.

9. Reparamos directamente el daño causado a cuantos nos fue posible, excepto cuando el hacerlo implicaba perjuicio para ellos o para otros.

10. Continuamos haciendo nuestro inventario personal, y cuando nos equivocábamos, lo admitíamos inmediatamente.

11. Buscamos a través de la oración y la meditación mejorar nuestro contacto consciente con Dios, *como nosotros lo concebimos a Él,* pidiéndole solamente que nos dejase conocer su voluntad para con nosotros y nos diese fortaleza para cumplirla.

12. Habiendo obtenido un despertar espiritual como resultado de estos pasos, tratamos de llevar este mensaje a otros, y de practicar estos principios en todos nuestros asuntos.

SMART Recovery®
Autocontrol y Entrenamiento para
la Recuperación

SMART Recovery® es una organización basada en la abstinencia, sin fines de lucro, con un programa de autoayuda para personas con cualquier tipo de conducta adictiva. SMART Recovery® enseña procedimientos de autoayuda de sentido común, diseñados para dar a las personas el poder de abstenerse y desarrollar un estilo de vida más positivo.

SMART Recovery®: objetivos y métodos

1. Ayudamos a los individuos a ganar independencia de su conducta adictiva.

2. Nosotros enseñamos cómo
   - acrecentar y mantener la motivación para abstenerse
   - manejar los impulsos
   - manejar los pensamientos, los sentimientos y la conducta
   - equilibrar las satisfacciones momentáneas y las duraderas

3. Nuestros esfuerzos se basan en el conocimiento científico y evolucionan como cualquier otro conocimiento científico.

4. Invitamos a los individuos que hayan obtenido independencia de una conducta adictiva a seguir relacionados con nosotros, para acrecentar sus logros y ayudar a otras personas.

Organizaciones con Programas de recuperación

La siguiente es una lista de grupos asociados para la recuperación que le puede ser útil.

Adult Children of Alcoholics
(310) 534-1815
www.adultchildren.org

Al-Anon
(800) 344-2666
www.al-anon-alateen.org

Alateen (ages 12–17)
(800) 356-9996
www.al-anon-alateen.org

Alcoholics Anonymous
(212) 870-3400
www.alcoholics-anonymous.org

Co-Anon
www.co-anon.org

Cocaine Anonymous
(800) 347-8998
www.ca.org

Co-Dependents Anonymous
(602) 277-7991
www.codependents.org

Co-Dependents of Sex Addicts
(612) 537-6904

Debtors Anonymous
(781) 453-2743
www.debtorsanonymous.org

Emotions Anonymous
(651) 647-9712
www.emotionsanonymous.org

Families Anonymous
(310) 815-8010
www.familiesanonymous.org

Gamblers Anonymous
(213) 386-8789
www.gamblersanonymous.org

Marijuana Anonymous
(800) 766-6779
www.marijuana-anonymous.org

Narcotics Anonymous
(818) 773-9999
www.na.org

Nicotine Anonymous
(415) 750-0328
www.nicotine-anonymous.org

Overeaters Anonymous
(505) 891-2664
www.oa.org

Recovering Couples Anonymous
(314) 830-2600
www.recovering-couples.org

Runaway and Suicide Hotline
(800) 621-4000

S-Anon
(615) 833-3152
www.sanon.org

Sex Addicts Anonymous
(713) 869-4902
(800) 477-8191
www.sexaa.org

Sex and Love Addicts Anonymous
(781) 255-8825
www.slaafws.org

Sexual Compulsives Anonymous
(310) 859-5585
(800) 977-HEAL
www.sca-recovery.org

SMART Recovery
(440) 951-5357
www.smartrecovery.org

Survivors of Incest Anonymous
(410) 282-3400
www.siawso.org

Créditos:

Free at Last: Daily Meditations by and for Inmates. Center City, Minn.: Hazelden Foundation, 1994.

Larsen, Robert E. *Chemical Dependency Handbook for Non-Medical Professionals.* Center City, Minn.: Hazelden Foundation, 1998.

Marlatt, G. Alan, and Judith R. Gordon, eds. *Relapse Prevention: Maintenance Strategies in the Treatment of Addictive Behaviors.* New York: Guilford Press, 1985.

Prochaska, James O., John C. Norcross, and Carlo C. DiClemente. *Changing for Good.* New York: Avon Books, 1995.

■ ■ ■

APÉNDICE

NOTAS

NOTAS

NOTAS